KOBLENZ

& DIE MEISTERWERKE DER REGION

Stefanie Zohm

Die Autorin

Stefanie Zohm, Jahrgang 1971, ist Hörfunkredakteurin beim SWR. Während ihres Studiums arbeitete sie für die Tageszeitung „Die Rheinpfalz“, danach für den Bezirksverband Pfalz sowie das SWR Studio in Kaiserslautern. Sie schreibt Reiseführer unter anderem über die Pfalz, Rheinhessen, den Rheingau und die Region Mittelrhein und lebt mit ihrem Mann und ihrem Sohn im Rheintal.

idee media

EIN SCHÖNER TAG ERLEBNISFÜHRER

KÜCHE & KELLER 100

MEISTERWERKE DER REGION 120

MEIN LIEBLINGSPLATZ

Persönlichkeiten und Ihre Tipps

KURZPORTRÄT KOBLENZ

 Blick von der Festung Ehrenbreitstein auf Rhein, Mosel und das Deutsche Eck.

KOBLENZ – DIE STADT MIT CHARME AN RHEIN UND MOSEL

Von der römischen Siedlung Confluentes bis zur BUGA-Stadt – 2000 Jahre Koblenz

Die Aussicht von den Mauern der Festung Ehrenbreitstein, hoch über Koblenz gelegen, ist fantastisch! Dieses Panorama sollte sich kein Koblenz-Besucher entgehen lassen. Von hier oben erschließen sich Umfang und Gestalt der Stadt, die sich unter den Blicken des Betrachters wie ein farbenfroh gemusterter Teppich ausbreitet: mit ihren verwinkelten Altstadtgässchen, den Giebeln und Türmen der historischen Bauwerke und selbstverständlich auch mit dem berühmten Deutschen Eck mit seinem Kaiserdenkmal, eingefasst vom glitzernden Wasser am Zusammenfluss von Rhein und Mosel.

Mit der Seilbahn zur Festung.

Der Aufstieg zur mächtigen Festung Ehrenbreitstein ist heutzutage keineswegs so beschwerlich wie vor Jahrhunderten, er ist – im Gegenteil – ein besonderes Vergnügen. Eine Seilbahn mit großen Panoramakabinen lässt Besucher vom Deutschen Eck über den Rhein hinaufschweben.
Die Bahn ist eine der Attraktionen der Bun-

desgartenschau 2011, für die sich „Koblenz verwandelt", so der Slogan der Großveranstaltung. Auch die Festung Ehrenbreitstein erstrahlt für die Schau in neuem Glanz.

Selbstverständlich, dass eines der Sahnestücke der Stadt, das Deutsche Eck, ebenfalls neu erblüht. Bei den Bauarbeiten wurde hier ein sensationeller Fund gemacht: ein Graben, der zu einem römischen Kastell gehörte und nach dem seit über 150 Jahren in der Altstadt gesucht worden war. Denn man wusste, dass die Römer im Jahr 9 v. Chr. ein „Castellum apud confluentes" (Kastell bei den Zusammenfließenden) gebaut und so den Grundstein für die heutige Stadt gelegt hatten. Koblenz zählt damit zu den ältesten Städten in Deutschland mit einer über 2000-jährigen, wechselvollen Geschichte, in der Römer, Franken, die Kurfürsten und Erzbischöfe von Trier, Franzosen und Preußen eine bedeutende Rolle spielten. Zahlreiche Gebäude legen noch heute Zeugnis davon ab, beispielsweise das prächtige Kurfürstliche Schloss, neben der Festung Ehrenbreitstein und dem Blumenhof am Deutschen Eck der dritte Spielort der Bundesgartenschau.

Kaiser Wilhelm.

Kurfürstliches Schloss.

Und Koblenz hat noch mehr zu bieten: Wie wäre es mit einem Spaziergang entlang der kilometerlangen Uferpromenade? Einem entspannten Kaffee auf einem der wunderbaren Plätze in der malerischen Altstadt? Einem Bummel durch die vielen großen und kleinen Geschäfte? Oder eine romantische Schiffstour – schließlich befinden wir uns am Tor zum UNESCO-Welterbe Oberes Mittelrheintal zwischen Koblenz und Bingen. Zum Ausklang eines perfekten Tages fehlt dann nur noch ein hervorragender Wein von den sonnenverwöhnten Steilhängen an Rhein und Mosel.

Liebfrauenkirche.

 Treffpunkt Jesuitenplatz.

CITY CHECK KOBLENZ

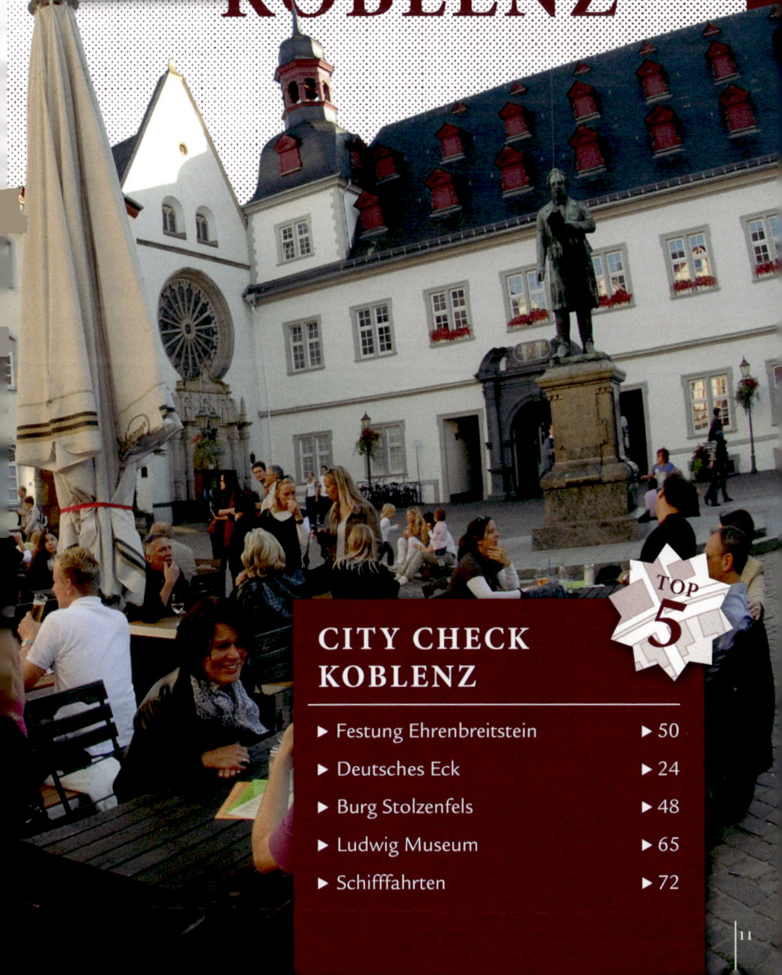

CITY CHECK KOBLENZ

TOP 5

Flaniermeile am Rhein mit Blick auf Ehrenbreitstein.

CITY CHECK KOBLENZ

SCHRITT FÜR SCHRITT

Koblenz mit seiner über 2000-jährigen Geschichte lernt man am besten dort kennen, wo alles begann – in der historischen Altstadt, wo die Römer einst ihr „Castellum apud confluentes" gründeten, das Koblenz seinen Namen gab. Da hier alles kompakt beieinanderliegt und weitgehend autofrei ist, lässt sich dieser Teil der Stadt sehr gut zu Fuß erkunden. Ganz nebenbei führen die Wege durch romantisch verwinkelte Gassen und vorbei an vielen kleinen gemütlichen Plätzen – man könnte fast sagen, man geht von einer guten Stube zur nächsten.

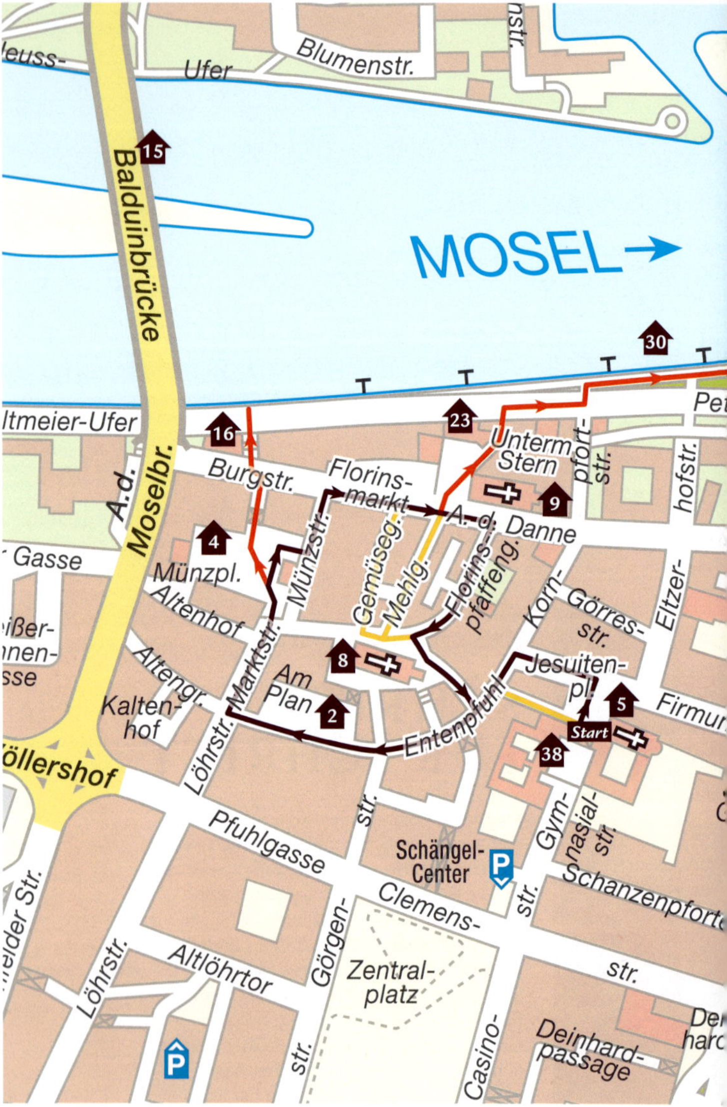
Neuss-
Ufer
Blumenstr.
15
Balduinbrücke
MOSEL
30
Altmeier-Ufer
16
23
Burgstr.
Florins-
markt
Unterm
Stern
pfort-
str.
hofstr.
A.d.
Moselbr.
9
4
A. d.
Danne
Gasse
Münzpl.
Münzstr.
Gemüseg.
Mehlg.
Florins-
pfaffeng.
Korn-
Görres-
str.
Eltzer-
Altenhof
Marktstr.
8
Jesuiten-
pl.
5
Firmun
Altengr.
Am
Plan
2
Kalten-
hof
Entenpfuhl
Start
38
Löhrstr.
Pfuhlgasse
str.
Schängel-
Center
P
Gym-
nasial-
str.
Schanzenpforte
Clemens-
str.
str.
Altlöhrtor
Görgen-
Zentral-
platz
Löhrstr.
P
str.
Casino-
Deinhard-
passage

Deutsches Eck
Personen-
fähre
BUGA-Seilbahn
Danziger Freiheit
'tmeier-Ufer
torstr.
Willi-
Hartung-
Weg
Kastor-
hof
Alten Hospital
Nagelsgasse
Kastorpfaffenstr.
Rheinzollstr.
Konrad-Adenauer-Ufer
Rhein-
str.
Karmeliterstr.
Gerichtsstr.
Im
Vogel-
sang
Reichen-
sperger-
pl.
Regierungsstr.
menspl.
1
7
24
32
30
SCHRITT FÜR SCHRITT
1 Das Deutsche Eck
2 Am Plan
4 Münzplatz
5 Jesuitenplatz/ Rathaus
7 Basilika St. Kastor
8 Liebfrauenkirche
9 Florinskirche
15 Balduinbrücke
16 Alte Burg
23 Mittelrhein-Museum
24 Ludwig Museum
30 Schiffsanleger
32 Seilbahn
38 Schängelbrunnen
BUGA-Kernbereich (Mit Eintrittskarte)
BUGA-Eingang
BUGA-Ausgang
Hauptweg
Abstecher
Alternative

2000 JAHRE IN 2000 SCHRITTEN – SCHNELLRUNDGANG DURCH DIE KOBLENZER ALTSTADT

Der Schängelbrunnen.

RUNDGÄNGE

Hauptroute:
Jesuitenplatz/Rathaus–Jesuitengasse/Entenpfuhl–Am Plan–Vier Türme (Kreuzung Löhr- und Marktstraße)–Marktstraße–Münzplatz

Abstecher zum Moselufer möglich:
Paradies/Burgstrasse–Alte Burg–Balduinbrücke

Hauptroute:
Münzstraße–Florinsmarkt

Abstecher zum Moselufer möglich:
Peter-Altmeier-Ufer–Deutsches Eck–Deutschherrenhaus (Ludwig Museum)–Basilika St. Kastor

Hauptroute:
Gemüse-, Mehl- oder Florinspfaffengasse–(An der Liebfrauenkirche 7–Durchgang zum Kunstgässchen)–Liebfrauenkirche–Entenpfuhl–Jesuitengasse–Jesuitenplatz/Rathaus

Dauer der Tour:
2 bis 2 ½ Std. (ohne Abstecher 1 ½ Std.)

Die Tour beginnt auf einem der schönsten Plätze der Stadt, dem Jesuitenplatz 5 (► S. 28). Im ehemaligen Jesuitenkolleg ist seit 1895 das Rathaus untergebracht. Man sollte unbedingt neben der Tourist-Information das Treppenhaus des Rathauses erklimmen und vor dem historischen Ratssaal nach oben blicken. An der mit Stuck verzierten Decke erinnern drei Fresken daran, was Jesuiten ihren Schülern vor Augen führen wollten: Den Triumph des Glaubens, die Mühen des Lernens, die Bestrafung der faulen und die Belohnung der fleißigen Schüler. Sehenswert sind auch die Jesuitenkirche (heute Citykirche) sowie der Schängelbrunnen 38 (► S. 90). Vom barocken Vikariehaus neben der Jesuitenkirche ertönt stündlich ein Glockenspiel.

Durch die Jesuitengasse gelangt man linker Hand zum Entenpfuhl, dem ehemaligen Stadtgraben. Bald rechts öffnet sich der Blick auf die Liebfrauenkirche 8 (► S. 38) und ein Stück der römischen Stadtmauer. Am Haus Nr. 4 erinnert eine Inschrift an die Besuche Mozarts (1763) und Goethes (1774) in Koblenz. Goethe hat seinen Aufenthalt sogar im Gedicht „Diner zu Coblenz" festgehalten.

Über den nächsten Platz, Am Plan 2 (► S. 26), erreicht man die Straßenkreuzung Vier Türme. Der ungewöhnliche Name spielt auf die wunderbaren Erker der vier barocken Häuser an. Links blickt man in eine der beliebtesten Einkaufsmeilen, die Löhrstraße. In Koblenz begegnet man häufiger dem Wort „löhr", das sich von leer/unbebaut herleitet. Von hier führt die Tour nach rechts in die Marktstraße und auf den Münzplatz 4 (► S. 27) zu. Dort begrüßt ein Koblenzer Original, der Resche Hennerich, die Besucher. Der Bronzefigur lugt aus einer

Die Vier Türme.

Tasche eine Flasche und aus der anderen eine Fleischwurst, was auf die Vorlieben des Schuhmachers hinweist. Er soll in seiner Soldatenzeit grundlos eines Nachts die ganze Garnison wachgetrommelt haben, woraufhin die schlaftrunkenen Soldaten (umsonst) aufmarschierten. Zur Strafe wanderte er eine Woche ins Gefängnis. Am Rande des Platzes stehen zwei weitere Bronzefiguren: Die Marktfrau erinnert an den Gemüsemarkt, der auf dem Münzplatz abgehalten wurde und der Schutzmann an das Polizeirevier Nr. 1, das im ehemaligen Münzmeisterhaus seinen Platz hatte. Gegenüber im Metternicher Hof kam der spätere österreichische Staatskanzler, Fürst Metternich (► S. 92), 1773 zur Welt.

Abstecher:

Wer möchte, kann von hier aus durch einen mit Jugendstilfresken geschmückten Torbogen und das „Paradies" einen Abstecher zum Moselufer unternehmen. Sehenswert sind hier die Alte Burg **16** *(► S. 54) und die Balduinbrücke* **15** *(► S. 53), die älteste Brücke der Stadt.*

Der Weg durch die Münzstraße führt direkt zum Florinsmarkt mit Florinskirche **9** (► S. 39) und Altem Kauf- und Danzhaus, dem heutigen Mittelrhein-Museum **23** (► S. 64). Von der Hauswand unter der Uhr blickt der Augenroller auf die Besucher herab. Er soll an den Raubritter Johann Lutter von Kobern erinnern, der 1536 „uff dem plan" enthauptet wurde. Zum Zeichen seines Protests rollt er bis heute mit den Augen und streckt zur vollen und zur halben Stunde die Zunge heraus.

Abstecher:

Rechts am Schöffenhaus vorbei geht es abermals zum Moselufer. Entlang des Peter-Altmeier-Ufers führt der Weg geradewegs auf den berühmtesten Koblenzer Platz zu, das Deutsche Eck 1 (▸ S. 24) mit Kaiser-Wilhelm-Denkmal, zum ehemaligen Deutschherrenhaus, in dem heute das Ludwig Museum 24 (▸ S. 65) untergebracht ist und zur Basilika St. Kastor 7 (▸ S. 36).

Vom Florinsmarkt 9 (▸ S. 39) aus geht es dann durch die Florinspfaffengasse, die Mehlgasse oder die Gemüsegasse zur Liebfrauenkirche 8 (▸ S. 38), die auf dem höchsten Punkt der Altstadt steht, garantiert hochwasserfrei. Ihre Zwiebeltürme gehören zu den unverkennbaren Wahrzeichen der Stadt. Romantiker sollten unbedingt das Kunstgässchen suchen, das man durch einen engen Durchgang von der Straße „An der Liebfrauenkirche" (Haus Nr. 7) oder vom Münzplatz 4 (▸ S. 27)

Kurfürst Balduin wacht über die historische Brücke.

aus erreicht. Hier sind nette kleine Geschäfte untergebracht. Bemerkenswert ist die barocke Marienstatue über dem Eingangsportal der Liebfrauenkirche. Die goldene Kette um den Hals der Gottesmutter hat, so der Volksmund, Ähnlichkeiten mit der Bürgermeisterkette und weist Maria als die eigentliche „Chefin" der Stadt aus. Auch im Innern der Kirche geht es um Frauen. Die sehenswerten Chorfenster zeigen Frauen der Heils- und Kirchengeschichte, unter anderem Mutter Theresa, Edith Stein und Sophie Scholl. Bemerkenswert sind auch die Figuren von Maria und Joseph in der Nähe des Altars. Hier hält Joseph das Kind in den Armen, eine seltene Darstellung, die, wenn man so will, auf eine moderne Vaterrolle schließen lässt. Mit diesen Gedanken endet der Rundgang durch die Koblenzer Altstadt. Über den Entenpfuhl führt der Weg zurück zum Ausgangspunkt, dem Jesuitenplatz 5 (► S. 28).

Brunnen auf dem Plan.

CITY CHECK KOBLENZ

PLÄTZE & PROMENADEN

Koblenz wartet gleich mit zwei Flaniermeilen auf – mit dem Rhein- und dem Moselufer. Durch die Bundesgartenschau erstrahlen sie in ganz neuem Glanz. Vor dem Kurfürstlichen Schloss kann man dank der neuen Schlossstufen sogar die Füße in den Rhein strecken und den Blick auf die Festung Ehrenbreitstein und die vorbeituckernden Schiffe so richtig genießen. Das Deutsche Eck ist sicherlich der bekannteste Platz in ganz Koblenz, hier steht das berühmte Kaiser-Wilhelm-Denkmal, hier fließen Rhein und Mosel zusammen. Daneben gibt es zahlreiche kleinere Plätze, man könnte auch sagen, die Wohnzimmer der Stadt, wo Märkte abgehalten werden oder man zum Klatsch im Café die Köpfe zusammensteckt.

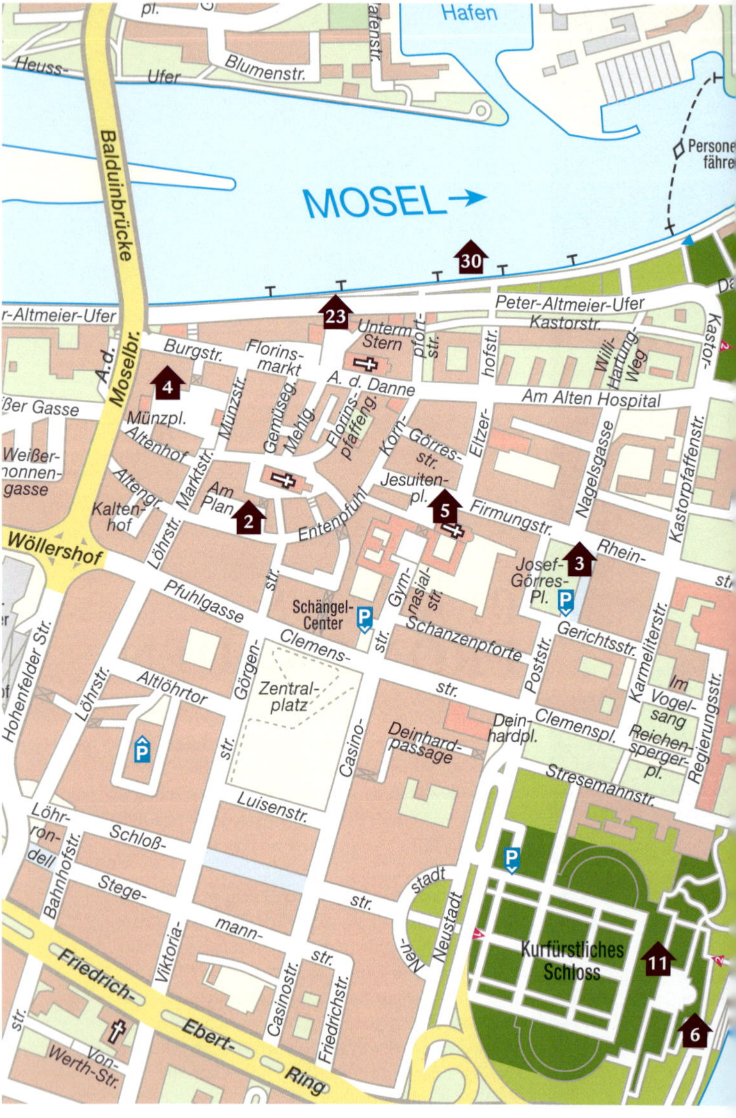
Hafen
Blumenstr.
Heuss-
Ufer
MOSEL
Balduinbrücke
Personenfähre
Peter-Altmeier-Ufer
Kastorstr.
Unterm Stern
Burgstr.
Florinsmarkt
A. d. Moselbr.
A. d. Danne
Am Alten Hospital
Münzpl.
Altenhof
Marktstr.
Altengr.
Kaltenhof
Am Plan
Entenpfuhl
Jesuitenpl.
Görresstr.
Firmungstr.
Rhein-
Josef-Görres-Pl.
Nagelsgasse
Kastorpfaffenstr.
Wöllershof
Pfuhlgasse
Schängel-Center
Clemens-
str.
Schanzenpforte
Gerichtsstr.
Karmeliterstr.
Regierungsstr.
Im Vogelsang
Reichensperger-pl.
Clemenspl.
Deinhardpl.
Deinhard-passage
Zentralplatz
Altlöhrtor
Löhrstr.
Hohenfelder Str.
Görgenstr.
Casinostr.
Luisenstr.
Stresemannstr.
Löhrrondell
Schloß-
Stegemannstr.
Bahnhofstr.
Viktoriastr.
Friedrich-Ebert-Ring
Casinostr.
Friedrichstr.
Neustadt
Kurfürstliches Schloss
Von-Werth-Str.
Weißernonnengasse
Münzstr.
Gemüseg.
Mehlg.
Florinspfaffeng.
Kornpfortstr.
Eltzerhofstr.
Willi-Hartung-Weg
Poststr.
Gymnasialstr.
30
23
4
2
5
3
11
6

Deutsches Eck
1
Festung Ehrenbreitstein
BUGA-Seilbahn
Freiheit
24
7
DJH Jugend-herberge
Schrägaufzug
Vor dem Sauerwassertor
Bf. E'stein
DB
Hofstr.
P
Charlottenstr.
Obertal
Brentanostr.
Helfensteinstr.
Hofstr.
Humboldtstr.
Im Teichert
Kolonnenweg
30
Personenfähre
Rheinsteigufer
Hafen
Hafen
PLÄTZE & PROMENADEN
1 Das Deutsche Eck
2 Am Plan
3 Görresplatz
4 Münzplatz
5 Jesuitenplatz
6 Kaiserin-Augusta-Anlagen mit Schlossstufen
7 Basilika St. Kastor
11 Kurfürstliches Schloss
23 Mittelrhein-Museum
24 Ludwig Museum
30 Schiffsanleger
BUGA-Eingang
BUGA-Ausgang

1 DAS DEUTSCHE ECK

KAISER WILHELM I.

Neben dem Mammutdenkmal von insgesamt 37 Meter Höhe fühlt man sich ganz klein. Allein das Reiterstandbild ist 14 Meter hoch.

Seit 2002 ist das Deutsche Eck Teil des UNESCO-Weltkulturerbes Oberes Mittelrheintal. Zur Begrüßung wehen hier die Flaggen der 16 Bundesländer.

Das Deutsche Eck ist der berühmteste Ort in ganz Koblenz. Rund zwei Millionen Besucher kommen jedes Jahr hierher. Zu schön ist die Aussicht auf Rhein und Mosel, die genau an dieser Stelle zusammenfließen. Die Bezeichnung Deutsches Eck geht auf die Ritter des Deutschen Ordens zurück, eine einflussreiche geistliche Gemeinschaft aus der Zeit der Kreuzzüge. Sie hatten hier im Jahr 1216 ihre erste Niederlassung im Rheinland gegründet und im sogenannten Deutschherrenhaus ihre Verwaltung eingerichtet, heute beherbergt das Gebäude das Ludwig Museum 24 (► S. 65). Nach dem Orden ist das Deutsche Eck seitdem benannt. Das legendäre Standbild von Kaiser Wilhelm I. kam erst im Jahr 1897 auf seinen Sockel, als Dank für die Einigung des Deutschen Reiches. Zuvor war die Landzunge eigens dafür befestigt worden. Der Name Deutsches Eck ging dann vom Areal des Deutschherrenhauses auf das Areal des Denkmals über.

1944 und 1945 legten amerikanische und britische Bomber Koblenz in Schutt und Asche, auch das kupferne Reiterstandbild wurde dabei schwer beschädigt. Der Kaiser und sein Pferd hingen zum Rhein hin kopfüber von ihrem Sockel, wurden später dann abgebaut und zum Teil eingeschmolzen. Erhalten blieb der mächtige Kaiserkopf des alten Denkmals, heute zu sehen im Koblenzer Mittelrhein-Museum 23 (► S. 64).

In der Folge blieb der Sockel fast 50 Jahre lang leer und wurde 1953 von Bundespräsident Heuss zum Mahnmal der Deutschen Einheit erklärt. Nach dem Fall der Mauer begannen die Planungen für ein neues Kaiser-Denkmal. Im Jahr 1993 kam dann ein rekonstruierter Kaiser Wilhelm den Rhein hinauf nach Koblenz und wurde von einem der weltgrößten Kräne auf seinen alten Platz gehievt. Möglich gemacht hatten das eine Bürgerinitiative und eine Privatspende – nach heftigen Diskussionen.

Mosel und Rhein ganz nah – am Deutschen Eck.

2 AM PLAN

Stets gut besucht: der Plan.

Auf dem Plan ist es schwierig einen der Tische in den umliegenden Cafés zu ergattern. Das ist nicht überraschend, zählt er doch zu den schönsten Plätzen der Stadt. Die Häuser ringsum mit ihren historischen Fassaden erinnern an das alte Koblenz. Er war der erste Platz in Koblenz der ganz eben, also plan, gepflastert wurde, daher sein ungewöhnlicher Name. Der Plan wurde als Veranstaltungs- und Turnierplatz, aber auch als Marktplatz genutzt. Beispielsweise verkauften hier die Fleischer ihre Waren. Aus dem Brunnen, der noch heute in der Mitte des Platzes steht, schöpften sich die Koblenzer seit 1806 ihr Wasser.

3 GÖRRESPLATZ

Imposant: die Historiensäule.

Beim Betreten des Görresplatzes in der Altstadt fällt der Blick zuerst auf die markante Historiensäule. Das Land Rheinland-Pfalz schenkte diesen Brunnen der Stadt Koblenz zur 2000-Jahr-Feier 1992. Die bewegte Stadtgeschichte kann man in zehn Bildern ablesen – von der römischen Siedlung (ganz unten) bis zur Zerstörung und zum Wiederaufbau in und nach dem Zweiten Weltkrieg (ganz oben). Der Görresplatz ist aber noch aus anderen Gründen interessant. Auf dem Paradeplatz eröffnete Carl Baedecker 1827 seinen ersten Verlag, der durch seine Rhein-Reiseführer bekannt und berühmt wurde. Heute fehlt der „Baedecker“ in kaum einem Koffer, egal in welchen Winkel der Welt man reist. Benannt ist der Platz aber nach einer anderen Persönlichkeit der Stadt, nach Joseph Görres, dem Gründer der Zeitung „Rheinischer Merkur“ (► S. 93).

4 MÜNZPLATZ

Brunnen auf dem Münzplatz.

Der Münzplatz liegt am Rande des römischen Viertels der Stadt. Dort hatten die Römer vor über 2000 Jahren das Castellum apud confluentes (Kastell bei den Zusammenfließenden) gegründet, das der Stadt ihren späteren Namen Koblenz gab. „Nomen est omen" – auch beim Münzplatz. Hier lagen die Werkstätten der „Kurfürstlichen Münze", in denen die Münzen für das Erzbistum Trier geprägt wurden. Interessant ist das Haus Metternich. 1773 wurde hier der spätere Fürst und österreichische Staatskanzler Clemens Wenzeslaus Lothar von Metternich geboren (► S. 92).

Der Resche Hennerich.

RESCHE HENNERICH

Auf dem Münzplatz steht die Bronzefigur eines Koblenzer Originals: der Resche Hennerich. Aus einer Jackentasche lugt eine Flasche, aus der anderen ein Stück Fleischwurst hervor. Der Schuhmacher soll in seiner Soldatenzeit eines Nachts grundlos die ganze Garnison mit seiner Trommel geweckt haben, woraufhin die Soldaten (umsonst) aufmarschierten.

5 JESUITENPLATZ

Wahrzeichen: der Schängel.

VORSICHT,

wenn Sie vor dem Schängelbrunnen stehen: Hier könnte Ihnen der Lausbub auf dem Sockel eine unerwartete Dusche verpassen (► S. 90).

In der Mitte des Jesuitenplatzes steht ein Denkmal zu Ehren des Naturwissenschaftlers Johannes Müller. Selbst einige Koblenzer wissen nicht, dass er die moderne, naturwissenschaftlich fundierte Heilkunde begründet hat und Lehrer des berühmten Mediziners Rudolph Virchow war. Der Platz selbst ist aber nach den Jesuiten benannt, die der Trierer Erzbischof 1580 nach Koblenz geholt hatte, um die Koblenzer Christen vor den Folgen der Reformation zu „schützen".

Heute ist im schlossartigen ehemaligen Kloster und Gymnasium der Jesuiten mit seinen Türmen und mächtigen Portalen das Rathaus untergebracht. In der Ecke des Platzes ist die ehemalige Jesuitenkirche zu finden, die heute den Namen Citykirche trägt.

Die meisten Besucher dürfte aber nicht nur die Geschichte des Platzes hierher führen, sondern die Aussicht, in einem der Cafés und Eisdielen zu sitzen und die Atmosphäre des Platzes zu genießen oder durch die kleinen Läden zu flanieren.

Der Jesuitenplatz.

Wir sind Gefühlsmenschen. Berater. Verkäufer. Innenarchitekten. Kreative. Ganzheitlich einrichten, das ist unsere Philosophie. Von der Planung bis zum letzten Schliff. Dabei so individuell, dass jeder seinen Stil, sein Wohlfühl-Ambiente finden kann.

Gleich, was Sie vorhaben, ob ein Haus einzurichten oder eine Wohnung umzugestalten ist, ob Sie die Stimmung eines Raumes verändern oder Ihnen der Sinn nach einem neuen Sofa steht, lassen Sie uns darüber sprechen. Natürlich ist die Einrichtung Ihres Büros für uns ebenso „tägliches Brot" wie die Gestaltung Ihrer Kanzlei, Ihres Hotels oder Ihres Feriendomizils im In- oder Ausland.

Sagen wir doch einfach „Ja" zueinander und machen den ersten Schritt gemeinsam. Kommen Sie vorbei, wir freuen uns auf Ihren Besuch.

DOMICIL EINRICHTUNGSHAUS KOBLENZ
Mailust 2
D 56070 Koblenz-Bubenheim
Fon: +49 (0)261 884150
koblenz@domicil.de

Domicil

6 RHEINANLAGEN KONRAD-ADENAUER-UFER UND KAISERIN-AUGUSTA-ANLAGEN

Einmal im Jahr ehren die Koblenzer die Kaiserin mit einem Fest.

KAISERIN AUGUSTA

Augusta Marie Luise Katharine von Sachsen-Weimar-Eisenach war Deutsche Kaiserin und Königin von Preußen. Als Prinzessin kam sie nach Koblenz und behielt die Stadt auch nach ihrem Umzug in bleibender Erinnerung. Jedes Jahr besuchte sie ihr „rheinisches Potsdam". Ihre letzte Ruhestätte fand sie im Mausoleum im Park von Schloss Charlottenburg (Berlin).

Vom Deutschen Eck aus führen die sogenannten Rheinanlagen dreieinhalb Kilometer entlang des Rheinufers. Sie teilen sich auf in das Konrad-Adenauer-Ufer und die Kaiserin-Augusta-Anlagen. Für Koblenzer und Touristen ist das die Flaniermeile schlechthin, denn erstens schlendert man hier über einen wunderbaren Spazierweg im Schatten mächtiger Bäume mit zauberhaften Aussichten auf den Rhein und zum Zweiten führt der Weg mitten hinein in die Stadtgeschichte – in die Zeiten, in denen Koblenz Hauptstadt der preußischen Rheinprovinz war. Der spätere Kaiser, Wilhelm I., dessen monumentales Reiterstandbild das Deutsche Eck überragt, hielt sich damals als preußischer Generalgouverneur in Koblenz auf.

Zur Bundesgartenschau angelegt: die Schlossstufen am Rhein.

Gemeinsam mit seiner Frau Augusta residierte er zwischen 1850 und 1858 im prächtigen Kurfürstlichen Schloss 11 (▶ S. 46), an dem man auf diesem Spazierweg ebenfalls vorbeikommt. Im Zuge der Bundesgartenschau wurde der Schlossgarten neu angelegt und das Schloss zum Rhein hin geöffnet. Die über 100 Meter breiten Schlossstufen, die bis ans Wasser reichen, laden zum Verweilen und Schauen ein und geben Koblenzern sowie Besuchern zum ersten Mal die Gelegenheit, ganz nah an den Fluss heranzukommen.

Der liberal gesinnten Augusta gefiel es am Rhein besser als in Berlin (worauf die Koblenzer heute noch stolz sind), und so ließ sie einen Park nach englischem Vorbild für das Volk anlegen. Den Auftrag übernahm der damals berühmteste preußische Gartenbaukünstler, Peter Joseph Lenné, der auch die märchenhafte Pfaueninsel sowie den Tiergarten in Berlin erschaffen hat. So bekam Koblenz die Kaiserin-Augusta-Anlagen mit Skulpturen, Brunnen, Ruheplätzen und dem ersten (!) städtischen Kinderspielplatz. Zum Dank errichteten die Bürger der Kaiserin ein Denkmal aus feinem Carrara-Marmor, das die 70-jährige Augusta zeigt und noch heute in ihrem Park zu sehen ist.

Mein Lieblingsplatz

PROF. JOACHIM HOFMANN-GÖTTIG

Seit 2010 ist Prof. Hofmann-Göttig Oberbürgermeister von Koblenz und hat damit die besondere Ehre, der ersten Bundesgartenschau-Stadt in Rheinland-Pfalz vorzustehen.

Als Zugezogener hat man einen ganz anderen Zugang zu seiner neuen Heimat, denn man hat sie sich ausgesucht. An Koblenz haben mich sofort die Rheinanlagen fasziniert, und bis vor Kurzem hätte ich Schwierigkeiten gehabt, meinen Lieblingsplatz zu benennen. Jetzt steht es fest – es sind die Schlossstufen, ein nachhaltiger Beitrag der Bundesgartenschau 2011. Sie sind mein persönliches Highlight. Techniker bezeichnen es prosaisch als „Steigerung der Aufenthaltsqualität“. Das trifft es nicht ansatzweise. Diese Steinstufen sind so viel mehr, vor allem ein Gefühl. Wer einmal selbst auf diesen Stufen die Nähe des großen Stroms gespürt hat, wird wissen, was ich meine. Mir bleibt nur, Ihnen zu wünschen, es mir gleichzutun: Hier sitzen und spüren, wie gut Koblenz tut.

Liebfrauenkirche in der Koblenzer Altstadt.

CITY CHECK KOBLENZ

KIRCHEN & KUNSTWERKE

Kirchen erzählen viel über die Geschichte von Koblenz. Die Türme der Liebfrauenkirche sind gar das Wahrzeichen der Stadt. Die Glocken darin läuten noch heute um 22 Uhr als Erinnerung an die Schließung der Stadttore in längst vergangener Zeit. Papst Johannes Paul II. verlieh St. Kastor den besonderen Ehrentitel Basilika Minor, hier trafen sich Kaiser und Könige. Die Preußen stellten die ehemals katholische Florinskirche der evangelischen Gemeinde zur Verfügung. Die Herz-Jesu-Kirche ist die jüngste Kirche – und gilt heute als einer der bedeutendsten neuromanischen Kirchenbauten Deutschlands.

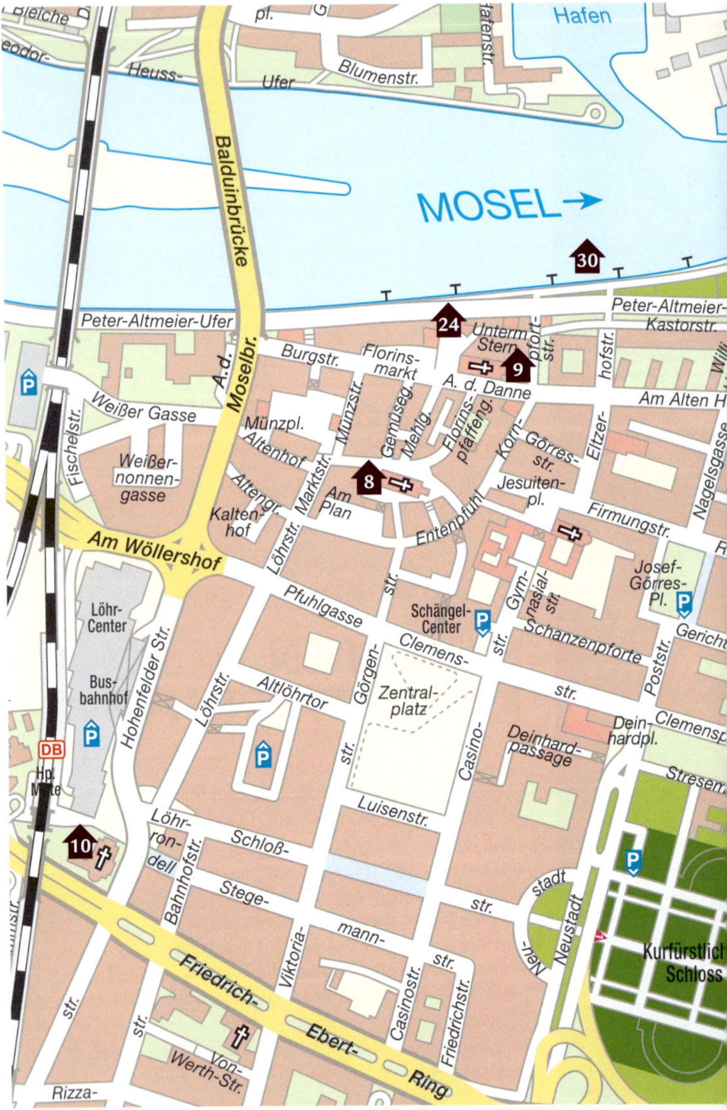
Bleiche
Heuss-
Ufer
Blumenstr.
pl.
Hafen
MOSEL
Balduinbrücke
30
24
9
8
10
Peter-Altmeier-Ufer
Peter-Altmeier-
Kastorstr.
Unterm Stern
pfort-str.
hofstr.
Burgstr.
Florins-markt
A. d. Danne
Am Alten H
A.d. Moselbr.
Weißer Gasse
Fischelstr.
Weißer-nonnen-gasse
Münzpl.
Altenhof
Münzstr.
Gemüseg.
Mehlg.
Florins-pfaffeng.
Korn-
Görres-str.
Eltzer-
Nagelsgasse
Jesuiten-pl.
Altengr.
Marktstr.
Am Plan
Kalten-hof
Entenpfuhl
Firmungstr.
Am Wöllershof
Löhrstr.
str.
Pfuhlgasse
Gym-nasial-str.
Josef-Görres-Pl.
Löhr-Center
Bus-bahnhof
Hohenfelder Str.
Schängel-Center
Schanzenpforte
Clemens-
str.
Gericht
Poststr.
Altlöhrtor
Görgen-str.
Zentral-platz
Casino-
Deinhard-passage
Dein-hardpl.
Clemensp
DB
Hp. Mitte
Stresem
Luisenstr.
Löhr-ron-dell
Schloß-
Bahnhofstr.
Stege-
mann-
str.
stadt
Neu-
Neustadt
Kurfürstlich Schloss
Viktoria-
Casinostr.
Friedrichstr.
Friedrich-Ebert-Ring
Von-Werth-Str.
Rizza-

KIRCHEN & KUNSTWERKE

- **1** *Das Deutsche Eck*
- **7** *Basilika St. Kastor*
- **8** *Liebfrauenkirche*
- **9** *Florinskirche*
- **10** *Herz-Jesu-Kirche*
- **23** *Ludwig Museum*
- **24** *Mittelrhein-Museum*
- **30** *Schiffsanleger*
- *BUGA-Eingang*
- *BUGA-Ausgang*

7 BASILIKA ST. KASTOR

Die katholische Basilika St. Kastor, ganz in der Nähe des Deutschen Ecks 1 (▶ S. 24) gelegen, ist die traditionsreichste Kirche in Koblenz. 817 bis 836 erbaut, nutzten Kaiser und Könige St. Kastor als wichtigen Treffpunkt. Aber St. Kastor ist auch baugeschichtlich interessant, denn die Kirche ist ein hervorragendes Beispiel romanischer Baukunst am Mittelrhein. Der Innenraum ist der prächtigste aller Koblenzer Kirchen, ausgeschmückt mit Skulpturen, wunderbaren Gemälden, Fresken und reich verzierten Grabmälern, einem prunkvollen Hochaltar sowie einer Sandsteinkanzel. Papst Johannes Paul II. erhob St. Kastor in den Rang einer Basilika Minor, eine besonderer Ehrentitel für bedeutsame Kirchen. Um St. Kastor liegt ein Hauptbereich der Bundesgartenschau 2011 (▶ BUGA-Kapitel).

Eine Lehre sollte dem einen oder anderen Besucher die Geschichte zum Kastorbrunnen vor der Kirche sein. Der französische Präfekt Doazan ließ 1812, in Erwartung des siegreichen Ausgangs von Napoleons Russlandfeldzug, die Inschrift „A Napoleon le Grand, an. MDCCCXII Memorable par la Campagne contre les Russes sous la Prefecture des Jules Doazan." (An Napoleon den Großen. 1812 zum Gedenken an den Russlandfeldzug unter der Präfektur von Jules Doazan) anbringen. Bekanntlich endete der Russlandfeldzug mit einer verheerenden Niederlage Napoleons. Die siegreichen russischen Soldaten bewiesen Humor und fügten hinzu: „Vue et approuvé par nous, le Commandant Russe de la Ville de Coblence" (Gesehen und genehmigt von uns, dem russischen Kommandanten der Stadt Koblenz).

www.sankt-kastor-koblenz.de

KASTOR-KIRCHHOF

Zur Bundesgartenschau 2011 wurden rund um die Basilika St. Kastor Gärten angelegt, die zur Besinnung und Ruhe einladen. Im verwunschenen Kastorkirchhof findet man beispielsweise den Paradiesgarten, der mit Pflanzen aus der biblischen Mythologie gestaltet wurde (▶ BUGA-Kapitel).

Basilika St. Kastor, Beispiel für romanische Baukunst.

Immer im Blick: die Liebfrauenkirche.

8 LIEBFRAUEN-KIRCHE

Die Türme mit den charakteristischen barocken Hauben sind das Wahrzeichen der Stadt und auch von Weitem leicht auszumachen. Selbstverständlich lohnt sich auch der Blick aus der Nähe auf und in die Liebfrauenkirche, vereinigt sie doch Baustile aus gleich fünf Epochen: römische und romanische Elemente, Gotik, Renaissance und Barock.

Dennoch ist die harmonische Verbindung dieser Stilepochen gelungen, genau wie im Innern der Kirche, in Heiligendarstellungen, wie dem Nikolausaltar, dem prächtigen Sakramentshaus, den Grabmälern oder den farbenfrohen Fenstern, die das Thema „Frauen in der Heilsgeschichte" aufgreifen. Im Glockenturm schlagen vier Glocken. In Erinnerung an die Schließung der Stadttore und den damit verbundenen Zapfenstreich behielt man das Läuten der „Barbaraglocke", der sogenannten „Lumpenglocke", bis heute bei. Jeden Abend um 22 Uhr läuten die Glocken und schweigen dann bis zum frühen Morgen. Die Liebfrauenkirche liegt inmitten der Altstadt.

www.liebfrauen-koblenz.de

9 FLORINSKIRCHE

Florinskirche am Florinsmarkt.

An der Außenfassade der Kirche ist der heilige Florin mit einem Weinkrug zu sehen, ein Hinweis auf die ihm nachgesagte Fähigkeit, Wasser in Wein zu verwandeln - weshalb der Heilige auch gut ins Rheinland passt.

Die Florinskirche liegt am gleichnamigen Markt, in der Nachbarschaft des Mittelrhein-Museums 23 (► S. 64) und hat eine interessante Geschichte: Die Preußen wählten diese ehemalige Stiftskirche bei ihrem Einzug ins überwiegend katholische Koblenz aus, um sie der evangelischen Gemeinde zur Verfügung zu stellen. Sie wurde im 10./11. Jahrhundert mit gotischem Chor und spitzen Turmhauben errichtet. Sehenswert ist auch der Innenraum mit Gewölbe, Orgelempore, Altarkreuz und Wandgemälden.

www.koblenz-mitte.jamnet.de

FLORINSMARKT

Der Florinsmarkt verdankt seinen Namen der Florinskirche. Interessant ist aber auch das Alte Kauf- und Danzhaus von 1419 (heute Mittelrhein-Museum), in dem die Schiffer ihre Waren feilboten. Gleich daneben liegt das gotische Schöffenhaus (1530), hier überwachten die Schöffen des Stadtgerichts Münzen und Gewichte. Linker Hand befindet sich der nach seinen ehemaligen Eigentümern benannte Bürresheimer Hof (1659). Heute beherbergt er die Kinder- und Jugendbücherei.

Neuromanisch: die Herz-Jesu-Kirche.

10 HERZ-JESU-KIRCHE

Die Herz-Jesu-Kirche ist einer der bedeutendsten neuromanischen Kirchenbauten Deutschlands und in Koblenz nicht zu übersehen. Denn die dreischiffige Pfeilerbasilika mit ihren prächtigen Doppeltürmen ist die größte katholische Kirche im Stadtzentrum – an der Schnittstelle mehrerer Verkehrs- und Geschäftsstraßen. Sie wurde zwischen 1900 und 1903 nach den Plänen des Mainzer Dombaumeisters Ludwig Becker errichtet. Auch diese Kirche wurde im Zweiten Weltkrieg stark zerstört und zwischen 1950 und 1952 wiederaufgebaut.

www.herz-jesu-koblenz.de

Mächtig groß: das ehemalige preußische Regierungsgebäude.

CITY CHECK KOBLENZ

BURGEN & BAUTEN

Koblenz kann mit Superlativen aufwarten: Die mächtige Feste Ehrenbreitstein war einst eine der größten Festungen Europas, Schloss Stolzenfels gilt als einer der wertvollsten Schätze der Rheinromantik, an dem der berühmte Architekt Friedrich Schinkel mitgebaut hat, und die älteste Brücke der Stadt, die Balduinbrücke, steht fast genau an der Stelle, an der schon die Römer die Mosel über eine Pfahlbrücke überquerten. Wer mit offenen Augen durch Koblenz streift, stößt Schritt und Tritt auf Spuren der wechselvollen Vergangenheit, in der Römer, Franken, die Kurfürsten und Erzbischöfe von Trier, Franzosen und Preußen eine Rolle gespielt haben.

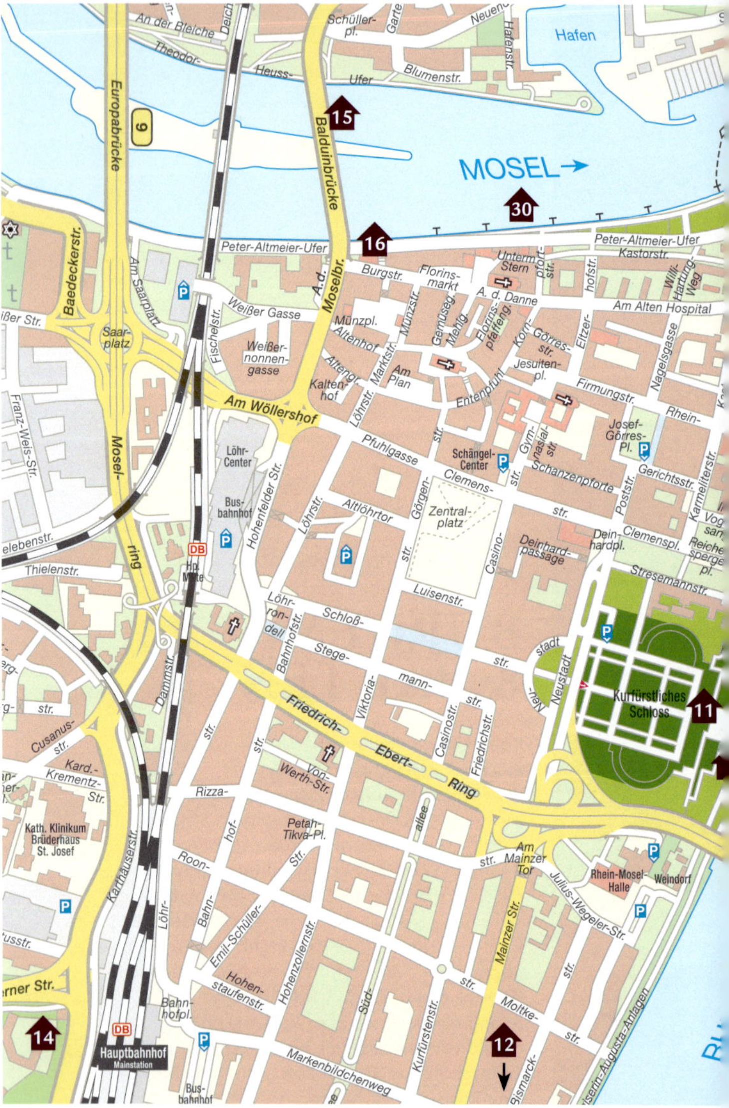
An der Bleiche
Theodor-Heuss-Ufer
Schüller-pl.
Blumenstr.
Hafenstr.
Hafen
Europabrücke
Balduinbrücke
MOSEL
15
16
30
Peter-Altmeier-Ufer
Kastorstr.
Baedeckerstr.
Am Saarplatz
Saarplatz
Weißer Gasse
Fischelstr.
A.d. Moselbr.
Burgstr.
Florinsmarkt
Unterm Stern
A. d. Danne
Am Alten Hospital
Münzpl.
Altenhof
Münzstr.
Marktstr.
Gemüseg.
Mehlg.
Florinspfaffeng.
Kornpf.
Görres-str.
Jesuiten-pl.
Eltzerhofstr.
Nagelsgasse
Weißernonnengasse
Am Wöllershof
Kaltenhof
Altengr.
Am Plan
Löhrstr.
Entenpfuhl
Firmungstr.
Rhein-
Josef-Görres-Pl.
Franz-Weis-Str.
Mosel-ring
Löhr-Center
Bus-bahnhof
Hohenfelder Str.
Pfuhlgasse
Schängel-Center
Gymnasialstr.
Schanzenpforte
Gerichtsstr.
Karmeliterstr.
Clemens-str.
Poststr.
Altlöhrtor
Görgenstr.
Zentralplatz
Casinostr.
Deinhardpassage
Deinhardpl.
Clemenspl.
Reichenspergerpl.
Thielenstr.
DB
Hp. Mitte
Stresemannstr.
Luisenstr.
Löhrrondell
Schloßstr.
Bahnhofstr.
Stegemannstr.
Viktoriastr.
Neustadt
Kurfürstliches Schloss
11
Dammstr.
Friedrich-Ebert-Ring
Casinostr.
Friedrichstr.
Cusanusstr.
Kard.-Krementz-Str.
Von-Werth-Str.
Rizzahofstr.
Kath. Klinikum Brüderhaus St. Josef
Petah-Tikva-Pl.
Roonstr.
Am Mainzer Tor
Julius-Wegeler-Str.
Rhein-Mosel-Halle
Weindorf
Karthäuserstr.
Löhrstr.
Bahnstr.
Emil-Schüller-Str.
Hohenzollernstr.
Südallee
Mainzer Str.
Hohenstaufenstr.
Kurfürstenstr.
Moltkestr.
Bismarckstr.
Kaiserin-Augusta-Anlagen
Bahnhofpl.
Hauptbahnhof
Mainstation
Bus-bahnhof
Markenbildchenweg
14
12

BURGEN & BAUTEN

- 1 Das Deutsche Eck
- 6 Kaiserin-Augusta-Anlagen mit Schlossstufen
- 11 Kurfürstliches Schloss
- 12 Schloss Stolzenfels
- 13 Festung Ehrenbreitstein
- 14 Fort Konstantin
- 15 Balduinbrücke
- 16 Die Alte Burg
- 17 Ehemaliges Regierungsgebäude
- 18 Dikasterialgebäude
- 25 Landesmuseum
- 30 Schiffsanleger
- 32 Seilbahn
- BUGA-Eingang
- BUGA-Ausgang

11 KURFÜRSTLICHES SCHLOSS

Man muss sich das einmal vorstellen: Da baut einer zehn Jahre lang an einem sehr großen Haus und als es endlich fertig ist, muss er die Stadt verlassen. Genau das ist Kurfürst Clemens Wenzeslaus passiert. 1786 wurde sein Kurfürstliches Schloss direkt am Rhein fertiggestellt, doch bereits 1792 musste der Kurfürst vor den anrückenden Franzosen aus Koblenz fliehen.

Als danach die Preußen die Herrschaft übernahmen, zogen wieder neue, standesgemäße Bewohner ein: Preußenprinz Wilhelm und seine Frau, Prinzessin Augusta – das spätere deutsche Kaiserpaar. Dem Kaiser wurde am Deutschen Eck 1 (► S. 24) ein Denkmal gesetzt, der Kaiserin in ihrem Schlosspark, den Kaiserin-Augusta-Anlagen 6 (► S. 30).

Koblenzer Schloss mit Rheinpromenade.

Im Zweiten Weltkrieg bis auf die Außenmauern zerstört, in den Jahren 1950/51 wiederaufgebaut, erwacht das Schloss erst heute aus seinem Dornröschenschlaf – dank der Bundesgartenschau. Das Schloss, das bisher für Besucher unzugänglich war, ist in Teilen wieder geöffnet, auf dem Schlossplatz – bislang ein Parkplatz (!) – kann man wieder flanieren, und auch der Garten, einst vom prominenten Gartenbaumeister Peter Joseph Lenné im Auftrag von Prinzessin Augusta angelegt, blüht neu auf und soll so den Glanz der früher hier residierenden Herrscher widerspiegeln. Zum Rhein hin wurde das Schloss geöffnet, einhundert Meter lange Schlossstufen ermöglicht es, dem Fluss ganz nahe zu kommen (▸ BUGA-Kapitel).

12 SCHLOSS STOLZENFELS

Schloss Stolzenfels.

Schloss Stolzenfels ist ein Gesamtkunstwerk! Dank König Friedrich Wilhelm IV., der sich eine Sommerresidenz gewünscht hatte, die seine Vorliebe für das Mittelalter und die Rheinromantik vereinen sollte. Herausgekommen ist ein Schloss, das mit seinem gelben Anstrich, seinen Zinnen, Türmchen, Terrassen und Pergolen auch an den Süden erinnert. Alte Gemälde, glitzernde Ritterrüstungen und wertvolle Möbel versetzen den Besucher in die Zeit der Ritter, Schlossherren und Burgfräulein.

Beim Bau des Schlosses hatten gleich zwei berühmte Baumeister ihre Hände im Spiel: Architekt Karl Friedrich Schinkel, dessen Bauwerken man heute in Berlin noch auf Schritt und Tritt begegnet, sowie Gartenbaumeister Peter Joseph Lenné, der unter anderem die weltberühmte Pfaueninsel in Berlin schuf.

Um diesen Schatz der Rheinromantik hoch über dem Fluss wieder in Glanz und Gloria erstrahlen zu lassen, investiert das Land auch im Rahmen der Bundesgartenschau 16 Millionen Euro. Dafür wurde und wird Schloss Stolzenfels aufwendig saniert, innen wie außen, und der Garten nach Lennéschem Vorbild neu erschaffen.

www.schloss-stolzenfels.de
www.gdke-rlp.de

13 FESTUNG EHRENBREITSTEIN

Faszinierend und ein wenig erschreckend zugleich ist der Anblick des gewaltigen Bollwerks, das in seinen Ausmaßen einen ganzen Berg einnimmt. Die Festung Ehrenbreitstein, gegenüber dem Deutschen Eck auf der rechten Rheinseite gelegen, wurde von den Preußen errichtet und zwischen 1817 und 1828 zur größten Festung Europas nach Gibraltar ausgebaut. Das war kein Zufall. Denn der Zusammenfluss von Rhein und Mosel war schon immer ein strategisch interessanter Ort. Die Festung, auf einer Schieferkuppe rund 120 Meter über dem Rhein gelegen, sicherte die wichtigen Verkehrswege im Oberen Mittelrheintal.

Schon in grauer Vorzeit siedelten hier Kelten, Germanen und Römer. Der Edelmann Ehrenbert, Spross des Herrschergeschlechtes der Konradiner, ließ um das Jahr 1000 eine Burg erbauen, aus deren Namen „Ehrenbertstein" im Laufe der Zeit „Ehrenbreitstein" wurde. Rund 800 Jahre lang gehörte die Burg den Trierer Bischöfen und Kurfürsten, dann kamen die Preußen. Deren beeindruckende Wehranlage ruht also als jüngster Zeitzeuge auf zahllosen Zivilisationsschichten, die bis in die Jungsteinzeit zurückreichen. Die preußische Festung sollte nicht nur funktional und wehrhaft sein, sondern auch den Staat repräsentieren. Das zeigt sich bis heute in ihren zwei Gesichtern: abschrecken mit dicken Mauern und Geschützscharten nach außen, einladend wie ein Schloss im Innern. Am besten sieht man das, wenn man auf dem Schlosshof steht. Von dort sollte man auch über die Mauern schauen

und den wohl schönsten Blick auf die Stadt Koblenz, auf den Zusammenfluss von Rhein und Mosel am Deutschen Eck 1 (▶ S. 24) genießen. Seit 2010 verbindet eine 850 Meter lange Seilbahn 33 (▶ S. 76/183) das Deutsche Eck mit der Festung. Sie ist einer der Höhepunkte der Bundesgartenschau 2011 in Koblenz und wird bis 2013 in Betrieb bleiben. Zudem ist die Festung selbst Bestandteil der Schau. Um in neuem Glanz erscheinen zu können, wurde hier zum ersten Mal seit 180 Jahren auf und an allen Plätzen, Gebäuden und Festungsteilen gebaut, geschraubt, geputzt und renoviert!

Auf dem Festungsplateau entstand in Anlehnung an die historischen Gegebenheiten ein großer Landschaftspark, unter anderem mit Themengärten, die die Regionen rund um Koblenz repräsentieren, sowie einem 2000 Quadratmeter großen Kletterspielplatz. 600.000 Tulpen verwandeln das Plateau in ein Blumenmeer, in den Blumenhallen wechseln die Ausstellungen – mal geht es um Orchideen, mal um Kakteen (▶ BUGA-Kapitel).

Nach der BUGA wird die Festung Ehrenbreitstein ein Touristenmagnet bleiben mit neuerem, schönerem Antlitz; nicht umsonst ist sie Teil des UNESCO-Weltkulturerbes Oberes Mittelrheintal. Dann eröffnet auch das Landesmuseum 25 (▶ S. 66) wieder seine sehenswerte Ausstellung.

www.gdke-rlp.de

Gewaltig: Festung Ehrenbreitstein.

14 FORT KONSTANTIN

Heute ist das historische Fort Konstantin ein wunderbarer Ort für Kunst- und Kulturveranstaltungen, das Rheinische Fastnachtsmuseum zeigt Uniformen, Orden und Rosenmontagswagen.

Doch auch bunter Frohsinn kann über den ursprünglich kriegerischen Charakter des Forts nicht hinwegtäuschen. Es gehörte zur ehemaligen Großfestung Koblenz und sicherte die Stadt gegen Angreifer. Im Zweiten Weltkrieg diente es den Koblenzern als Luftschutzbunker. Heute kümmert sich ein Förderverein um die fast vollständig erhaltene Festung.

www.fort-konstantin.de
www.fastnachtsmuseum-koblenz.de

Auf römischen Spuren: Balduinbrücke.

15 BALDUINBRÜCKE

Wer von der Altstadt aus die Mosel zum Stadtteil Lützel hin überquert, kommt an Balduin immer vorbei. Als steinerne Skulptur grüßt der einflussreiche Kurfürst aus dem 14. Jahrhundert heute jeden Autofahrer und jeden Fußgänger. Balduin hatte den Auftrag zum Bau der massiven Rundbogenbrücke gegeben und zwar dort, wo bereits die Römer eine hölzerne Pfahlbrücke errichtet hatten. Die „Alte Moselbrücke“, wie sie von den Koblenzern liebevoll genannt wird, ist die älteste und schönste Brücke der Stadt.

Sie ist allerdings nicht im Originalzustand erhalten, denn deutsche Truppen sprengten sie bei ihrem Rückzug am 7. März 1945 in die Luft – wie alle Brücken in Koblenz. Bis 1949 dauerte der Wiederaufbau. Auch die Kanalisierung der Mosel in den 1960er-Jahren hatte Folgen für die Balduinbrücke. Teile wurden abgebrochen, um der Schifffahrt Platz zu machen. Deshalb sind heute nicht mehr alle steinernen Bogen erhalten.

16 ALTE BURG

Eine Burg, die gar nicht aussieht wie eine Burg, steht, nur wenige Gehminuten vom Deutschen Eck entfernt am Moselufer mitten in der Stadt. Sie ist das einzige mittelalterliche Bauwerk, das alle Kriegswirren – und davon gab es einige in Koblenz – bis heute überstanden hat. Ringmauer und Burggraben der ehemaligen Wasserburg aus dem 13. Jahrhundert gibt es nicht mehr, erhalten sind nur noch das Burghaus und zwei Türme. Ursprünglich diente die Alte Burg als Wohnhaus, wurde dann aber unter den Erzbischöfen als stark befestigte Zwingburg gegen die Unabhängigkeitsbestrebungen der Koblenzer Bürger ausgebaut.

Nie zerstört: Alte Burg.

Die Franzosen stellten in den alten Gemäuern später Bleche her, und heute ist das Stadtarchiv dort untergebracht. Weil die Alte Burg so ganz unterschiedlich genutzt und daher immer wieder umgebaut wurde, ist sie heute eine interessante Mischung aus Spätgotik, Renaissance und Barock. Seit 2002 ist sie Teil des UNESCO-Weltkulturerbes Oberes Mittelrheintal. Besichtigungen sind während der Öffnungszeiten des Stadtarchivs möglich.

Mein Lieblingsplatz

THOMAS ANDERS

„Your're my heart, you're my soul", jeder kennt diesen Hit, den Thomas Anders damals zusammen mit Dieter Bohlen als Modern Talking landete. Heute hat sich Anders als Solokünstler längst einen Namen gemacht.

Ich liebe meine Stadt! Ihre einzigartige Lage an Rhein und Mosel, ihre überschaubare Größe und die verwinkelten Gassen. Ich finde es einzigartig, wenn ich vom Deutschen Eck bis zum Schwanenteich vier Kilometer am Rhein entlangradeln oder in der Altstadt eine der unzähligen Kneipen auf einen Schoppen besuchen kann. Koblenz hat Herzenswärme: vom Obsthändler in der Rizzastrasse bis zum italienischem Restaurant auf der Löhr, vom Gourmettempel in der Mehlgasse bis zum Chinesen auf dem Münzplatz. Es gibt so viel zu entdecken – in meiner Heimatstadt Koblenz!

Das ehemalige preußische Regierungsgebäude

17 EHEMALIGES REGIERUNGSGEBÄUDE

Das ehemalige preußische Regierungsgebäude (erbaut 1902–1906) lässt heute noch erahnen, dass die Preußen in großen Dimensionen dachten. Das 158 Meter lange, burgartige Haus mit seiner aus massiven Steinquadern gemauerten Fassade ist, nicht nur von außen betrachtet, wuchtig, im Innern wurde es mit riesigen Treppen und gewölbten Hallen ausgestattet. In dem Gebäude direkt am Rheinufer sind heute das Bundesamt für Wehrtechnik sowie das Oberlandesgericht Koblenz untergebracht.

18 DIKASTERIALGEBÄUDE

Man kann sich heute nur noch schwer vorstellen, wie prachtvoll es früher am Fuße der Festung Ehrenbreitstein ausgesehen haben muss. Ein wenig des alten Glanzes kann man aber erahnen, wenn man vor dem sogenannten Dikaterialgebäude, dem ehemaligen Verwaltungsgebäude der Trierer Kurfürsten, steht. Denn in seiner unmittelbaren Nachbarschaft lag Schloss Philippsburg, damals einer der bedeutendsten und größten Barockbauten am Rhein, bis er von den Franzosen in Schutt und Asche gelegt wurde. Das glanzvolle Dikasterialgebäude blieb jedoch verschont und überstand auch den Zweiten Weltkrieg. Geplant wurde der Prachtbau von keinem Geringeren als Balthasar Neumann, einem der berühmtesten Barock- und Rokoko-Baumeister des 17. Jahrhunderts.

Das Dikasterialgebäude.

„Der Daumen" des Bildhauers César vor dem Ludwig Museum.

CITY CHECK KOBLENZ

KUNST & KULTUR

Koblenz ist zwar eine kleine Großstadt, dafür ist das Kulturangebot umso reichlicher. Mit der Kulturfabrik und dem Café Hahn wartet die Stadt mit zwei genialen Spielorten für Kleinkunst, Theater, Musik und Comedy auf. Das Mittelrhein-Museum sowie das Ludwig Museum sind weit über die Grenzen hinaus bekannt, und das Museum auf der Festung Ehrenbreitstein ist das einzige technische Landesmuseum in Rheinland-Pfalz. Die Rheinische Philharmonie sorgt für die richtigen Töne, und das Theater Koblenz ist ein wunderbarer klassizistischer Bau mit prunkvoller Einrichtung – genau so, wie man sich ein Theater vorstellt.

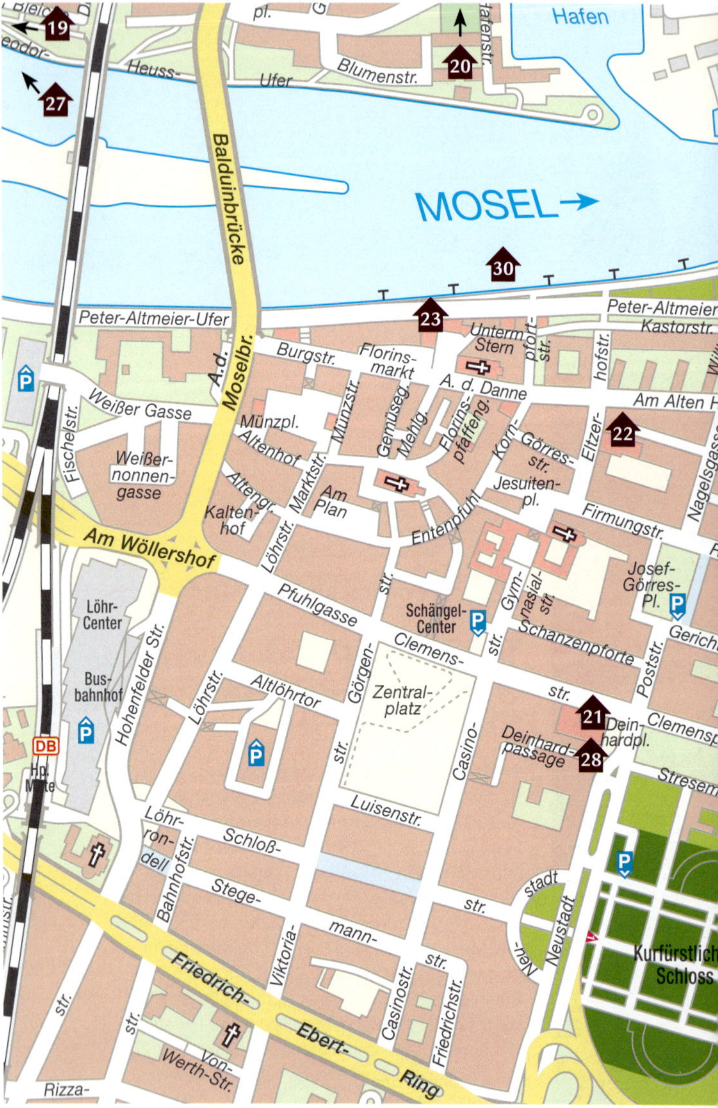
Hafen
Blumenstr.
Heuss-
Ufer
MOSEL
Balduinbrücke
Peter-Altmeier-Ufer
Peter-Altmeier-
Kastorstr.
A.d. Moselbr.
Burgstr.
Florins-
markt
Unterm
Stern
pfort-
str.
hofstr.
A. d. Danne
Am Alten
Weißer Gasse
Fischelstr.
Münzpl.
Altenhof
Münzstr.
Gemüseg.
Mehlg.
Florins-
pfaffeng.
Korn-
Görres-
str.
Eltzer-
Weißer-
nonnen-
gasse
Altengr.
Marktstr.
Am
Plan
Jesuiten-
pl.
Firmungstr.
Nagelsgasse
Kalten-
hof
Löhrstr.
Entenpfuhl
Am Wöllershof
Löhr-
Center
Bus-
bahnhof
Pfuhlgasse
str.
Schängel-
Center
Gym-
nasial-
str.
Josef-
Görres-
Pl.
Schanzenpforte
Gerich
Clemens-
str.
Hohenfelder Str.
Löhrstr.
Altlöhrtor
Görgen-
str.
Zentral-
platz
Casino-
Deinhard-
passage
Dein-
hardpl.
Poststr.
Clemensp
Stresem
DB
Hp.
Mitte
Luisenstr.
Löhr-
ron-
dell
Schloß-
Bahnhofstr.
Stege-
mann-
str.
Neustadt
Neu-
stadt
Kurfürstlich
Schloss
Viktoria-
Casinostr.
Friedrichstr.
Friedrich-
Ebert-
Ring
str.
Von-
Werth-Str.
Rizza-
19
20
27
30
23
22
21
28

Deutsches Eck
Personenfähre
Festung Ehrenbreitstein
25
DJH Jugendherberge
Schrägaufzug
BUGA-Seilbahn
Danziger Freiheit
24
Kastor-
hof
32
Bf. E'stein
DB
Hofstr.
P
26
29
Rheinzollstr.
Konrad-Adenauer-Ufer
30
str.
Regierungsstr.
Personenfähre
Rheinsteigufer
Hofstr.
Hafen
Hafen
KUNST & KULTUR
19 Café Hahn/ KO-Güls
20 Kulturfabrik/ KO-Lützel
21 Theater Koblenz
22 Görreshaus
23 Mittelrhein-Museum
24 Ludwig Museum
25 Landesmuseum
26 Rhein-Museum
27 Wehrtechnische Studiensammlung
28 Deinhard Kellermuseum
29 Mutter-Beethoven-Haus
30 Schiffsanleger
32 Seilbahn
BUGA-Eingang
BUGA-Ausgang

19 CAFÉ HAHN

Berti Hahn.

LIVE & LECKER

Vom ehemaligen Café Hahn ist nicht nur der Name geblieben, auch auf den Genuss legt Berti Hahn noch immer großen Wert. So gibt es zu fast jeder Veranstaltung unter dem Motto „Live und Lecker" das passende Essen!

Das Café Hahn im Koblenzer Stadtteil Güls bietet seit 30 Jahren Comedy und Musik und hat sich in dieser Zeit einen festen Platz in der deutschen Kleinkunst- und Musikclubszene erobert. Stars und Newcomer geben sich die Klinke in die Hand. Motor, Herz und Kopf hinter allem ist Karl Hubert Hahn – kurz Berti. Er hat das ererbte und alteingesessene Café in einen Kulturclub umfunktioniert! Das Erfolgsrezept: Das Café Hahn bietet von jedem etwas, aber davon meist das Beste aus Kabarett, Blues, Jazz, Rock oder Chansons. Joshua Kadison, Dave Brubeck, Hans Dieter Hüsch, Ingo Appelt, Cavemann oder Konstantin Wecker sorgten hier schon für unvergessliche Abende. Auch die Koblenzer Original Willi & Ernst (▶ S. 89) treten regelmäßig im Cafe Hahn auf. Die Sonntagmorgenfrühstückshows und das Weihnachtsvarieté sind nur zwei der weiteren Höhepunkte im Veranstaltungskalender.

www.cafehahn.de

20 KULTURFABRIK (KUFA)

KOBLENZER EVENT-LOCATIONS

Circus Maximus
www.circus-maximus.org

Theater Konradhaus
www.konradhaus.de

Coenen Palais
www.coenenpalais.de

Sporthalle Oberwerth
www.sporthalle-oberwerth.de

Kurfürstliches Schloss Rhein-Mosel-Halle
www.koblenz-kongress.de

Theater, Kabarett, Konzerte, Musicals, Chansonabende – in der Kulturfabrik wird für alle Altersklassen Kunst geboten. Dabei ist die Bezeichnung „Kulturfabrik" durchaus wörtlich gemeint, denn sie ist in einem Denkmal deutscher Industriegeschichte untergebracht – in der ehemaligen Couvertierfabrik Mayer im Stadtteil Lützel. Dort wurden ab 1888 Briefumschläge in allen Größen und Formen hergestellt. Seit über 25 Jahren gehört die Kulturfabrik zu den renommiertesten Kleinkunsttheatern Deutschlands. Die Kufa verfügt über einen großen Saal mit 350 Sitzplätzen, eine Galerie und Gastronomie. Sie wird von der Stadt und vom Land unterstützt, die Gesellschafter arbeiten ehrenamtlich.

www.kufa-koblenz.de

21 THEATER KOBLENZ

Theater und Obelisk.

Das Theater in Koblenz ist ein Theater, wie man es sich vorstellt. Seine prunkvolle Einrichtung, der ringförmig angeordnete, in edlem Blau, Weiß und Grau gehaltene Zuschauerraum mit seinen steilen Rängen und die von Säulen eingefasste Bühne machen schon beim Betreten Lust auf die Vorstellung. Es ist das einzige klassizistische Theater am Mittelrhein, wurde von den Bomben des Zweiten Weltkrieges weitgehend verschont und in den 80er-Jahren aufwendig saniert. Gebaut wurde es 1786/87 auf Initiative des Kurfürsten Clemens Wenzeslaus als sogenanntes Ringtheater mit Illusionsmalerei. Interessant ist das Theater auch von außen, seine klassizistische Giebelfassade mit antiken Theatermasken und der Inschrift „Musis Moribus et Publicae Laeticiae Erectum MDCCLXXXVII“ (Den Musen, den Sitten und den öffentlichen Freuden errichtet 1787). Heute kommen dort Schauspiel, Musiktheater und Ballett auf die Bühne.

OBELISK

Der 19 Meter hohe Obelisk vor dem Theater wurde vom Erbauer des Theaters gestiftet, von Kurfürst Clemens Wenzeslaus. Er erinnert an die Einweihung des Clemensbrunnens.

www.theater-koblenz.de

22 GÖRRESHAUS

Das Görreshaus in der Koblenzer Altstadt ist das Zuhause des Staatsorchesters Rheinische Philharmonie. Im großen Saal mit Holzverkleidungen und Wandmalereien aus dem 19. Jahrhundert und unter den vier prunkvollen Kronleuchtern erklingt große Musik, sei es bei den Orchesterkonzerten im Görreshaus, bei den Schul- und Familienkonzerten oder im Rahmen der beliebten Kammermusikreihe.

www.rheinische-philharmonie.de

23 MITTELRHEIN-MUSEUM

AUGENROLLER

Von der Hauswand des Mittelrhein-Museums unterhalb der Uhr blickt der Augenroller auf die Passanten herab. Er soll den Raubritter Johann Lutter von Kobern zeigen, der 1536 enthauptet wurde. Zum Zeichen seines Protests rollt er bis heute mit den Augen und streckt zur vollen und zur halben Stunde die Zunge heraus.

Das Mittelrhein-Museum im Alten Kauf- und Danzhaus zieht bald von seinem heutigen Standort am Florinsmarkt in einen modernen Neubau am Zentralplatz um. Deshalb werden im Moment alle Kunstwerke begutachtet, neu katalogisiert und dokumentiert. Für Besucher bietet sich dadurch die einmalige Gelegenheit, alles zu sehen, was im Depot des Museums schlummert – und das ist weit mehr als die Werke der Rheinromantik.

Dafür muss man allerdings mehrmals kommen, denn die Museumsmacher haben sich für folgendes Vorgehen entschieden: Im Obergeschoss wird begutachtet und dokumentiert. Danach werden die Werke zeitlich oder thematisch sortiert. Was dabei herauskommt, wird in Depotausstellungen im Erdgeschoss gezeigt. Bis zum Umzug wechseln diese Ausstellungen zweimal im Jahr.

Den Grundstein des Mittelrhein-Museums legte Joseph Gregor Lang, Pfarrer und Kunstsammler, mit seiner Stiftung. Als klassische Gemäldegalerie öffnete das Museum 1835 seine Pforten und ist mit dem Walraff-Richartz-Museum in Köln und dem Frankfurter Städel eines der ältesten bürgerlichen Museen in Deutschland. Nach turbulenten Jahren, unter anderem während des Zweiten Weltkrieges, besitzt das Museum heute rund 14.000 Ausstellungsstücke – von Gemälden über Grafiken bis hin zu Skulpturen aus rund 2000 Jahren Kunst- und Kulturgeschichte der Region Mittelrhein und der Stadt Koblenz.

www.mittelrhein-museum.de

Altes Kauf- und Danzhaus.

24 LUDWIG MUSEUM

Ein in die Höhe gereckter, überdimensionaler Daumen des weltberühmten Bildhauers César weist den Weg zum Ludwig Museum – und verweist sogleich auf den Schwerpunkt der Sammlung: französische Gegenwartskunst. Den Grundstein des jungen Museums, das erst 1992 eingeweiht wurde, legte das Sammlerehepaar Peter und Irene Ludwig aus Aachen (► S. 92), das dem Museum Kunstwerke als Schenkung und Leihgaben überlassen hat. Im Laufe der Jahre konnte die Sammlung mit Werken von Künstlern aus anderen Ländern ergänzt werden, beispielsweise von Pablo Picasso, Willem de Kooning oder Robert Rauschenberg.

Das Ludwig Museum ist in einem für Koblenz historisch bedeutsamen Gebäude untergebracht, dem Deutschherrenhaus, der ersten Niederlassung des Deutschen Ordens im Rheinland, dem das „Deutsche Eck" 1 (► S. 24) seinen Namen verdankt.

www.ludwigmuseum.org

Ludwig Museum im Deutschherrenhaus.

GALERIEN

***Kunsthalle Koblenz:** Ein Top-Tipp! Kunstliebhaber Oliver Zimmermann zeigt über seinem Friseursalon Zeitgenössisches von Rang, u.a. mit Werken renommierter Namen wie Immendorf-Gattin Oda Jaune. Gymnasialstr. 9–11, Tel: 0261/3002899*

***Galerie Jean-Marc Laik:** Skulpturen, Plastiken, Keramiken, Bilder, Altehof 9, Tel: 0261/17141*

***Galerie Wutzke:** Abstrakte Kunst, Koblenz-Bilder, Rizzi-Shop, Schloßstr. 32, Tel: 0261/37582*

***Galerie Speier:** Gemälde des 19. und 20. Jahrhunderts, Grafiken, Rheinstr. 34, Tel: 0261/35238*

***Galerie Rube:** Radierungen, Acrylzeichnungen und Pastelle, Mehlgasse 13, Tel: 0261/34849*

***Kunsthandel Ken M. Müller:** Gemälde, Skulpturen, Reliefs, Clemensstr. 6, Tel: 0261/914518*

***Krüger:** Kunst und Design, Mainzer Str. 21–23, Tel: 0261/9738270*

***Galerie Handwerk:** Wechselnde Ausstellungen, Rizzastr. 24–26, Tel: 0261/398277*

25 LANDESMUSEUM KOBLENZ

Alles neu macht die Bundesgartenschau. Das gilt auch für das große und einzige technische Landesmuseum in Rheinland-Pfalz auf der Festung Ehrenbreitstein. Es wird derzeit renoviert und in den nächsten Jahren wieder eröffnet. Während der BUGA präsentiert das Museum allerdings zwei Ausstellungen in der Landbastion auf der Festung. „Eine Gartenreise durch das Rheinland“ macht mit den fantastischen Gärten des großen preußischen Gartenbaumeisters Peter Joseph Lenné bekannt, der unter anderem die Gärten auf Schloss Stolzenfels und am Kurfürstlichen Schloss in Koblenz schuf. „Mein letzter Garten“ heißt eine weitere Ausstellung, die die Grabkultur an Rhein und Mosel beleuchtet. (▶ BUGA-Kapitel)

Gedächtnis des Landes.

Bereits 2012 eröffnet das Landesmuseum seine ersten neuen Abteilungen zu den Themen Weinbau und Geschichte der Fotografie in Rheinland-Pfalz. Nach und nach werden dann alle Abteilungen auf einer erheblich vergrößerten Ausstellungsfläche wieder zugänglich sein und umfassend und anschaulich Einblick in die Kulturgeschichte von Technik, Handwerk und Industrie in Rheinland-Pfalz geben.

www.landesmuseum-koblenz.de

26 RHEIN-MUSEUM

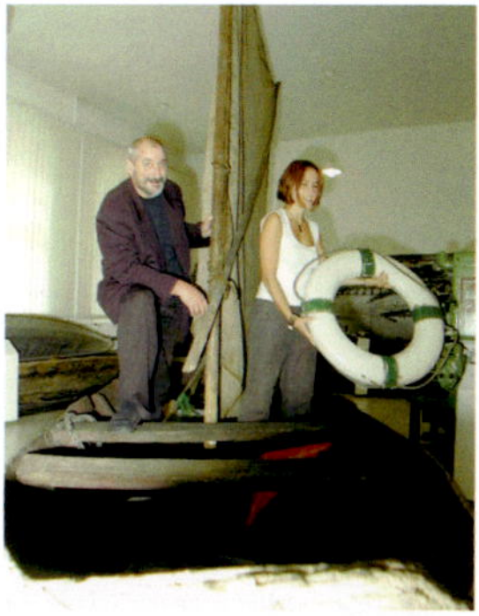

Wer lebte vor Hunderten von Jahren am Rhein, warum gibt es dort so viele Burgen, wie funktioniert der Fischfang am Strom, was macht den Beruf des Fischers aus, wie entwickelten sich Schiffe über die Jahrhunderte, wann und wie wurde der Rhein ausgebaut? Interessante Fragen, auf die Neugierige im Rhein-Museum eine Antwort bekommen. Am Fuße der Festung Ehrenbreitstein liegt das Rhein-Museum in einem Haus, das selbst von der erdgeschichtlichen Besonderheit der Region erzählt, es ist aus typischer Grauwacke und Lavabasalt erbaut.

www.rhein-museum.de

27 WEHRTECHNISCHE STUDIENSAMMLUNG

Wer sich für die Entwicklung von militärischem Gerät, Bewaffnung, Ausrüstung und Uniformen ab dem frühen 19. Jahrhundert interessiert, ist hier genau richtig. Die 1962 gegründete Wehrtechnische Studiensammlung in der Langemarck-Kaserne der Bundeswehr ist mit 7200 Quadratmetern Ausstellungsfläche eine der größten technischen Sammlungen in Deutschland. Sie dient der Soldatenausbildung, kann aber auch von Zivilisten besichtigt werden.

www.bwb.org

28 DEINHARD KELLERMUSEUM

PRICKELNDE FÜHRUNGEN

Deinhard bietet auch Sekt- und Weinproben an, die mit einer Führung kombiniert werden können. Einmal im Jahr beim Tag der offenen Tür knallen nicht nur die Sektkorken – es gibt Schnupperführungen, Musik und erlesene Speisen.

Sektgenuss im Kellergewölbe.

„Wie ensteht Sekt, wie kommen die Perlen in die Flaschen und wie öffnet man eine Sektflasche stilecht?" All diese Geheimnisse werden bei einer Führung durch die Deinhard-Keller in Koblenz gelüftet. Das Stammhaus Deinhard befindet sich direkt neben dem Theater. Der Name Deinhard dürfte allen Sektliebhabern ein Begriff sein. Als Weinhandelshaus 1794 gegründet, begann Deinhard bereits 1843 als eines der ersten Häuser in Deutschland mit der Herstellung von Sekt - und liefert bis heute seine Sekte in alle Welt.

Im ältesten Teil der Deinhard-Keller ist heute ein Museum untergebracht. Dort gewinnen die Besucher unter fachkundiger Führung einen Einblick in die Arbeit des Winzers und alle wichtigen Vorgänge der Wein- und Sektherstellung. Führungen bitte vorher anfragen.

www.deinhard.de

29 MUTTER-BEETHOVEN-HAUS

Jedes Genie hat eine Mutter, und deren Lebensgeschichte ist meist ebenfalls interessant. Das gilt auch für Maria Magdalena Keverich, die Mutter von Ludwig van Beethoven. Ihr Geburtshaus steht in Koblenz-Ehrenbreitstein. Eine Ausstellung widmet sich der Familiengeschichte der Keverichs, sowie Beethovens Jugendzeit und seinen Freundschaften. Dazu gibt es Informationen über die Geschichte Ehrenbreitsteins als kurfürstliche Residenzstadt sowie zum historischen Kontext der Epoche Beethovens.

Mit der Fähre vom Konrad-Adenauer-Ufer nach Neuendorf.

CITY CHECK KOBLENZ

EINBLICK & ERLEBNIS

Einen Tag in Koblenz zu verbringen, reicht einfach nicht, zu viel kann man hier und in der Umgebung erleben. Eine Schifffahrt ist ein Muss – lieber Rhein oder Mosel oder doch beides? Rheinsteig und RheinBurgenweg sind Wanderwege der Superlative, in die man sich von Koblenz aus einklinken kann. Und das Radfahren macht hier besonders viel Spaß – die Wege sind flach! Wer die Stadt lieber zu Fuß, im Oldtimerbus, bei Nacht oder im Lichte ihrer berühmten Kriminalfälle erkunden will, meldet sich bei einer der zahlreichen Stadtführungen an. Und auch Kindern wird es nie langweilig, denn Koblenz hat wunderbare Spielplätze – auch dank der Bundesgartenschau.

30 SCHIFFFAHRTEN AUF RHEIN UND MOSEL

Eine Schifffahrt sei jedem Koblenz-Besucher dringend empfohlen. Schließlich liegt die Stadt gleich an zwei Flüssen – eben an Rhein und Mosel, das ist eindrucksvoll! Deshalb ist das Angebot an Schiffstouren groß, Touristen haben – egal zu welcher Jahreszeit – die Qual der Wahl.

Immer empfehlenswert ist eine Tour von Koblenz durch das romantische Obere Mittelrheintal. Auf den weltbekannten 65 Flusskilometern bis Bingen liegt nicht nur die berühmt-berüchtigte Loreley, auf den Höhen reihen sich auch Burgen und Ruinen wie Perlen an einer Kette aneinander. Folgerichtig zieht das Obere Mittelrheintal, Deutschlands „Grand Canyon", bis heute Rheinromantiker aus aller Welt an. Die UNESCO hat die Einzigartigkeit des Tals mit dem

Hier hat man die Wahl: Schifffahrt auf Rhein oder Mosel.

Weltkulturerbe-Titel gekrönt. Auf der anderen Seite lockt die Mosel mit dem Blick auf idyllische Landschaften, trutzige Burgen und berühmte Weinberge. Egal, ob Panorama- oder Rundfahrten mit und ohne Tanz oder Disco, Themenfahrten wie Karnevals-, Oster-, Nikolaus- sowie Advents- oder Nachtfahrten – es wird immer ein Erlebnis sein, von Koblenz aus eine Schiffstour zu starten. Auch an Kinder ist gedacht: Für sie sind Märchenfahrten, Familienfeste oder Spielplätze auf den Schiffen im Angebot.

Der Höhepunkt des Schifffahrtsjahres ist aber unbestritten das Großspektakel „Rhein in Flammen" im August. Dann lassen gleich acht Feuerwerke das UNESCO-Welterbe Oberes Mittelrheintal zwischen Koblenz und Braubach/Spay in fantastischen Farben erstrahlen. Wer Glück hat, kann das von einem Schiff aus genießen, denn die Plätze auf dem größten Schiffskorso Europas mit über 70 Schiffen sind heiß begehrt.

SCHIFFFAHRTS-UNTERNEHMEN

Köln-Düsseldorfer Rheinschifffahrt
www.k-d.com

Gilles Personenschifffahrt
www.personenschifffahrt-gilles.de

Hölzenbein Rhein-Mosel-Schifffahrt
www.hoelzenbein.de

Marksburgschifffahrt Vomfell
www.marksburgschiffahrt-vomfell.de

Personenschifffahrt Merkelbach
www.merkelbach.personenschiffe.de

Bonner Personenschifffahrt
www.bps-online.de

Loreley-Linie Weinand
www.loreley-linie.de

31 STADTFÜHRUNGEN

Die Koblenzer haben sich einiges einfallen lassen, um wissbegierigen Besuchern ihre Stadt bis in den letzten Winkel vorzustellen. Mal bieten sie dafür Pferde auf, mal bummeln sie mit einer immer fröhlicher werdenden Gesellschaft durch die vielen Weinwirtschaften, mal heften sie sich an die Fersen richtiger Krimineller. Die Stadtführer der Koblenz-Touristik entwickeln immer wieder überraschende Ideen. „Die Briten kommen" beispielsweise ist eine szenische Führung, bei der ein preußischer Soldat eine junge Engländerin durch sein Coblenz aus dem Jahr 1852 führt. Der heutige Besucher kann dabei sein, wenn das englische Fräulein mit der Postkutsche in der Stadt eintrifft.

Mein Lieblingsplatz

ULRICH HELSPER

Der waschechte Koblenzer war Lehrer am Staatlichen Koblenz-Kolleg und führt sachkundig durch die Stadt und über die BUGA.

Koblenz hat viele Ecken, aber nur ein Eck. Schön gelegen im Dreieck zwischen Mosel und Rhein, recht eckig in seinem historisch-politischen Gehalt. Unzählige Gruppen habe ich dorthin geführt, denn: Niemand war in Koblenz, der dort nicht gestanden hat. Ich gehe aber auch oft allein um's Eck – besonders am Abend und an Wintertagen, wenn es einsam wird um den geklonten Kaiser. 1953 waren wir Schüler klassenweise angetreten und fähnchenschwenkend dabei, als Theodor Heuss den reiterlosen Sockel zum Mahnmal der Einheit umwidmete. Nach dem Abitur verabschiedeten wir hier die Schulzeit, mit einem Freudenfeuer aus Schulheften.

Das Eck ist ein nachdenklich stimmender Ort. Hier bündelt sich Geschichte wie unter einem Brennglas. Überall Zeichen und Symbole. Adler, Kronen, Kreuze, Fahnen. Vergessene Namen und Begriffe. Ein Ort der Gegensätze ist das Eck. Krieg und Frieden, Reich und Republik, Wahn und Wirklichkeit, – das Auf und Ab unserer Geschichte. Kommen und Gehen. Rhein und Mosel strömen gleichgültig vorbei.

Bei einer Fahrt im Oldtimer-Bus aus den 60er-Jahren überkommen den Besucher nostalgische Gefühle. Während einer Nachtführung oder bei einer Tour mit einem Weinfachmann durch Koblenzer Weinwirtschaften lernt man die Stadt von einer anderen Seite kennen.

Ein interessantes Thema beleuchtet die Führung „Weiberwirtschaft", die die Stadtgeschichte und die Lebensweise bekannter Koblenzerinnen zum Inhalt hat – und das nicht nur für Frauen.

Detektivischen Spürsinn sollten alle mitbringen, die Koblenzer Ketzern, Raubrittern und modernen Kriminellen auf die Schliche kommen wollen. „Koblenz kriminell"

„Die Briten kommen“: Das Koblenzer Urgestein Manfred Gniffke führt in Uniform durch die Stadt.

heißt dieses Angebot. Andere Themenführungen beschäftigen sich mit der Festung Ehrenbreitstein oder Koblenz als der Wiege von Rheinland-Pfalz.

Kurzentschlossene sollten die klassische Führung durch die verwinkelte Altstadt bis zum berühmten Deutschen Eck wählen, die regelmäßig und ohne Voranmeldung angeboten wird.

Der Görresplatz im Zentrum von Koblenz.

KOBLENZ ZU FUSS

Von April–Okt.,
Fr. und Sa. 14.30 Uhr,
So. 11 Uhr

Treffpunkt: *Tourist-Information am Rathaus, Jesuitenplatz*

Dauer: *zwei Stunden*

Weitere Infos und Anmeldung zu den Führungen: *www.koblenz-touristik.de*

32 SEILBAHN

Lange wurde darüber diskutiert, ob sie überhaupt gebaut werden darf – seit 2010 schweben Besucher vom Koblenzer Rheinufer jetzt in großen Glasgondeln auf die Festung Ehrenbreitstein. Mit knapp 890 Meter Länge (davon allein 850 Meter zwischen zwei Stützen frei gespannten Seilen) und einer Kapazität von bis 7600 Fahrgästen pro Stunde gehört die BUGA-Seilbahn zu den größten Seilbahnen Europas – außerhalb der Alpen.

Aus 18 Panoramakabinen (für bis zu 35 Gäste) gibt es auf den jeweils vierminütigen Berg- und Talfahrten grandiose Ausblicke auf das Tor zum Welterbe Oberes Mittelrheintal. Besuchern liegt die Innenstadt von Koblenz zu Füßen, der Zusammenfluss von Rhein und Mosel präsentiert sich aus völlig neuer Perspektive – und über die Staustufe hinweg schweifen die Blicke bis hinein in Eifel und Hunsrück – und über den Rheinbogen bis weit in das Neuwieder Becken. Deutschlands einzige Dreiseil-Umlaufbahn kostete rund 12 Millionen Euro – und soll vorerst bis 2013 die beiden Rheinufer mit einer Laufgeschwindigkeit von 16 Stundenkilometern verbinden. Auf dem Weg vom Rheinufer auf das Felsplateau werden rund 120 Höhenmeter überwunden. Besonders spektakulär ist die Fahrt mit Gondel Nummer 17: Sie besitzt einen Glasboden. Eine bauähnliche „3S"-Bahn wird seit 2005 nur in Kitzbühel betrieben, wo sie zwei Skigebiete verbindet. (▶ Buga-Kapitel)

Seilbahnstation am Rheinufer.

33 WANDERN

Wanderer kommen in und um Koblenz voll auf ihre Kosten. Im wahrsten Sinne des Wortes bietet dieser Flecken Erde Touren auf höchstem Niveau mit beeindruckenden Aus- und Einblicken.

Wandern auf hohem Niveau.

Der Rheinsteig, Europas Premium-Fernwanderweg, führt auf seinen 320 Kilometern zwischen Bonn und Wiesbaden auch an Koblenz vorbei. Zwei UNESCO-Weltkulturerbestätten, das Obere Mittelrheintal sowie der zweitausend Jahre alte Obergermanisch-Raetische Limes liegen auf der Strecke. Das linksrheinische Gegenstück zum Rheinsteig heißt RheinBurgenweg und verbindet den berühmten Rolandsbogen bei Remagen mit dem Mäuseturm bei Bingen. Auf den rund 200 Kilometern liegen dem Wanderer 53 Burgen, Ruinen und Schlösser zu Füßen – die höchste Burgendichte in ganz Europa. Koblenz kann dabei Startpunkt einer Ein- oder Mehrtagestour sein.

Eine völlig neue Generation von Wanderwegen trägt zu Recht den Namen Traumpfade. Diese perfekt ausgeschilderten Ein-Tages-Rundwanderwege bieten atemberaubende Ausblicke sowie abwechslungsreiche Auf- und Abstiege durch traumhafte Landschaften. Gleich drei dieser Pfade liegen nahe bei Koblenz.

► S. 79, 80, 81

WALDSCHLUCHTENWEG

Natur erleben.

Idyllische Bachtäler, urwüchsige Auen- und majestätische Buchenhochwälder machen selbst eine hochsommerliche Wandertour zum Genuss. Auf schmalen Pfaden geht es durch verwunschene Wälder, vorbei an römischen Relikten. Startpunkt dieses Rundwanderweges ist der Parkplatz Feisternachtbachtal bei Vallendar. Der Weg quert die L 309 und den Hillscheider Bach und führt oberhalb des Bachs durch mittelhohen Mischwald, vorbei an steilen Felsklippen und den Fischteichen des Tannenhofs. Erneut quert der Weg die L 309. In Serpentinen geht es bergan und weiter am Hirzbach talaufwärts. Durch alten Hochwald geht es zunächst gemächlich, später steil aufwärts um den Kuckucksberg herum. Auf der Höhe führt der Weg nach links durch alten Buchenbestand (Buchenkathedrale): Uralte Baumriesen mit besonderer Wuchsform. Über einen schmalen Pfad gelangt man, nach rechts abbiegend, zum Mittleren Pedelweg (Abstecher zur Schutzhütte Pedel möglich).

Unter uralten Baumriesen geht es nun abwärts, vorbei am Wasserwerk zur Bembermühle. Der folgende Aufstieg führt zu dem im Wald verborgenen Limeswall, einem Relikt aus der Römerzeit, das seit 2005 als Weltkulturerbe auf der Liste der UNESCO geführt wird. Noch vor den ersten Häusern von Höhr-Grenzhausen umrundet der Weg fast höhenparallel die Flanke des Puschenkopfs und führt weiter zum Saustallkopf. In weiten Serpentinen verläuft der Pfad nun abwärts ins Feisternachtbachtal, quert den Bach und führt am linken Ufer talwärts zu einem kleinen See mit Hütte und weiter zum Ausgangspunkt zurück.

RHEINGOLDBOGEN

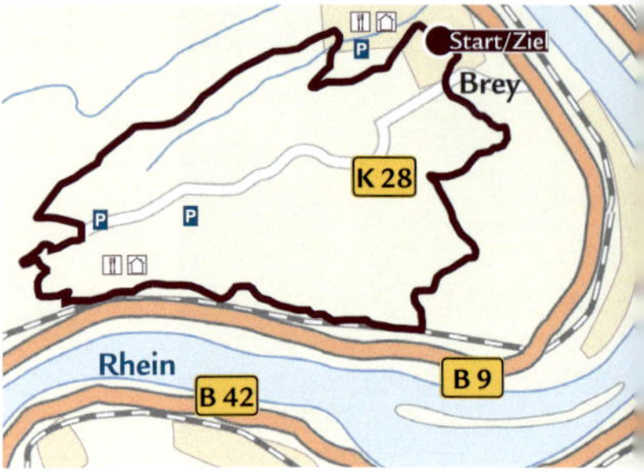

WANDERN AM RHEIN

Rheinsteig, RheinBurgenweg und 26 Traumpfade machen das Rheintal rund um Koblenz so wunderbar wanderbar. Während rechts und links des Rheins die beiden Fernwanderwege Wiesbaden mit Bonn und Rolandseck mit Bingen verbinden, schlängeln sich die Traumpfade als Rundwege durch romantische Täler, über traumhafte Höhen und zu geologischen Besonderheiten an Rhein, Mosel und in der Eifel.

www.traumpfade.info
www.rheinsteig.de

Auf den Spuren der Römer und des Weinbaus führt der Traumpfad Rheingoldbogen durch vielseitige Landschaft, vorbei an gepflegten Reben und urwüchsigen Hecken auf das Rheinplateau. Fantastisch sind die Ausblicke auf das Rheintal und die Rheinschleife am Rhein. Vom Startpunkt Friedhof Brey führt der Weg bald in den Wald hinein.

Hier geben Schächte den Blick frei auf alte, von den Römern angelegte Wasserleitungen. Am Sportplatz Brey führt ein schmaler Pfad steil hinauf zu einer Schutzhütte mit toller Aussicht Richtung Rheintal. Auf weichen Waldwegen geht es weiter zum Rheinplateau. Unscheinbare Erhebungen im Wald verbergen ein stattliches Hügelgrabfeld. Im Bogen umläuft der Weg dieses Areal und erreicht das ehemalige Jesuiten-Kloster Jakobsberg, heute genutzt als Hotel mit Golfplatz. Auf Wanderwegen durch den Wald geht es abwärts Richtung Peternach. Der Traumpfad erreicht die Weinberge mit den berühmten Lagen des Bopparder Hamm. Hier öffnet sich eine Panoramasicht auf die größte Rheinschleife mit Blick auf Boppard, Filsen und Osterspai. Von dichten Hecken begleitet, kehrt der Weg dem Rheintal den Rücken. Die ebene Hochfläche bietet phänomenale Blicke auf die Marksburg in Braubach, die in greifbarer Nähe scheint. Über freies Feld erreicht der Wiesenweg die Muttergotteskapelle. Der Weg führt weiter nach Brey.

SAYNSTEIG

Traumhafter Saynsteig.

Nur wenige Autominuten von Koblenz entfernt und mitten im Herz des Meisterwerkes Sayn startet eine Wandertour auf den Spuren der Ritter und der Römer. Der Traumpfad Saynsteig führt durch schattige Wälder und auf naturnahen Pfaden zu beeindruckenden Felsklippen. Ruhige Waldabschnitte wechseln mit sagenhaft schönen Aussichten bis weit ins Rheintal und in die Eifel hinein. Startpunkt dieses Traumpfades am Rhein ist das Schloss Sayn gegenüber dem fürstlichen Schlosspark. Wer nicht am Schloss, sondern an der Abteikirche parkt, gelangt über die Brexbachstraße zum Start. Über die Schlossterrasse läuft der Wanderweg hinauf zur Burg Sayn, am sehenswerten Gemäuer gibt es bereits den ersten herrlichen Ausblick. Weiter geht es auf geradem Weg, bis die Oskarhöhe erreicht wird. Hier findet man tolle Aussichten auf die Abteikirche, das romantische „Alt-Sayn“, das Rheintal und die Eifel. Der Saynsteig quert die L 306 und erreicht bei der Ottilienhöhe den Waldrand. Nun geht es abwärts, über ein Nebental zum Brexbach, durch eine abwechslungsreiche Bachauenlandschaft bis zum Pfadfinderlager. Ein schmaler Pfad führt hinauf und trifft den Rheinsteig.

Weiter geht es bergauf zum Welterbe Obergermanisch-Raetischer Limes mit dem rekonstruierten Römerturm. Nun erlaubt der fast ebene Waldweg Erholung, der Meisenhof lädt zur Einkehr, bevor es hinab nach Sayn geht.

BUCHTIPP

Alle 26 Traumpfade werden in den beiden Bänden Traumpfade 1 und Traumpfade 2 von Ulrike Poller und Wolfgang Todt ausführlich beschrieben.

Das Geschenk-Set enthält die Bücher mit Karten, Höhenprofilen und GPS-Daten sowie eine praktische Gürteltasche, damit alle Infos unterwegs ganz leicht greifbar sind.

www.ideemediashop.de

34 RADFAHREN

Koblenz und seine Umgebung lassen sich ideal mit dem Fahrrad erkunden, da das Gelände flach ist und die Radwege gut ausgebaut sind. Viele Uferwege sind asphaltiert und so auch für Inlineskater geeignet.

TIPP

Am Koblenzer Bahnhof gibt eine große Informationstafel einen Überblick über die Radwege in der Region.

Die Tourist-Informationen an Bahnhof und Rathaus halten dazu auch Flyer bereit.

www.koblenz-touristik.de

Radfahren mit tollem Ausblick.

RADWEGE ONLINE

www.mosel-radweg.de.

www.radwanderland.de

www.romantischer-rhein.de

www.skater-land.de

Fahrradverleihstationen
www.koblenz-touristik.de

Confluentia-Route
Diese Route ist für alle interessant, die mehr über die große Geschichte der Stadt Koblenz wissen wollen. Start und Ziel der 20 Kilometer langen Tour ist der Hauptbahnhof. Acht Informationstafeln weisen den Weg entlang Mosel und Rhein und liefern Erklärungen zu den entsprechenden Sehenswürdigkeiten, beispielsweise zur Festung Ehrenbreitstein, zu den Kaiserin-Augusta-Anlagen, zum Aussichtspunkt Rittersturz oder zu Schloss Stolzenfels. Abstecher zu den Sehenswürdigkeiten sind möglich.

Rhein-Radweg
Der große Rhein-Radweg folgt dem Rhein auf 1400 Kilometern von seiner Quelle in der Schweiz bis zur Mündung in Rotterdam. Koblenz bietet sich als Startpunkt einer kleineren Tour rheinauf oder rheinab an. Das Teilstück zwischen Bingen und Rolandseck durch das romantische Mittelrheintal beispielsweise ist rund 120 Kilometer lang. Egal wie lange man unterwegs ist, zurück geht es immer per Schiff oder Zug.

Mosel-Radweg
Koblenz liegt bekanntlich nicht nur am Rhein, sondern auch an der Mosel. Und auch am Ufer der Mosel verläuft ein herrlicher Radweg. Start und Ziel des rund 300 Kilometer langen Mosel-Radwegs ist Koblenz. Der Weg führt durch die idyllische Weinlandschaft des Moseltals. Auch hier sind Ein- und Ausstieg frei wählbar, Zug oder Schiff bringen Radfahrer zum Start- oder Endpunkt der jeweiligen Touren.

35 KINDER

Einmal als Pirat ein Schiff kapern, mit Freunden im Baumhaus sitzen oder sich wie eine Prinzessin im Burgturm fühlen – in Koblenz kann das jedes Kind. Dank der neuen und neu sanierten Spielplätze, die zur Bundesgartenschau 2011 in der ganzen Stadt entstanden sind.

„Schiff ahoi!" heißt es auf der rechten Rheinseite in Ehrenbreitstein. Auf dem 400 Quadratmeter großen Abenteuerspielplatz laden Schiffe, Bojen und Fernrohre zur imaginären Seefahrt ein. Der Spielplatz ist während der BUGA frei zugänglich.

Spaß für die Kleinsten.

Mit einer Eintrittskarte kommt man auf den Wasserspielplatz am Deutschen Eck und zum riesigen Kletterpark mit Baumhäusern am Fort Bleidenberg auf dem Gelände der Festung Ehrenbreitstein. Kinder im Kindergartenalter fühlen sich im „Schmuckkästchen der Kaiserin Augusta" am Schloss wohl, die Älteren können sich dort auf der Skaterplaza austoben. Diese Spielplätze werden nach Ende der Schau für alle geöffnet. Bei Schlechtwetter lockt das Piratenland im nahen Neuwied.

Weitere Infos ▶ BUGA-Kapitel

Das berühmte Kaiser Wilhelm Denkmal am Deutschen Eck.

CITY CHECK KOBLENZ

MYTHEN & MÄCHTIGE

„Trink solang der Becher winkt, nutze Deine Tage, ob man im Jenseits auch noch trinkt, das ist eine Frage!“ Wo, wenn nicht an Rhein und Mosel sollte man besser den Wein genießen und über das Leben sinnieren können – dort, wo die besten Tropfen wachsen und die Wiege der Rheinromantik steht. Clemens Brentano, der Begründer der literarischen Rheinromantik, wurde hier geboren. Auch der spätere französische Staatschef Valéry Giscard d’Estaing erblickte in Koblenz das Licht der Welt. Karl Baedeker eröffnete hier seine erste Buchhandlung, sein Name wurde zum Synonym für Reiseführer.

36 WEIN – EIN MYTHOS AN RHEIN UND MOSEL

WEINPROBEN

Koblenzer Winzer an Rhein und Mosel stellen ihre Weine bei Weinproben vor, man kann diese Proben auch mit Weinbergswanderungen kombinieren. Flyer und Kontaktdaten hält die Tourist-Information (koblenz-touristik.de) bereit.

Der Weinbau kam – sozusagen – dank Asterix und Obelix an den Rhein und an die Mosel. Etwas genauer: Die Legionen Julius Caesars hatten auf ihren Feldzügen gegen die Gallier Reben von zu Hause im Gepäck. Neben den sehr günstigen geografischen und klimatischen Bedingungen für den Wein kamen später auch ideale ökonomische Faktoren hinzu. Über den Rhein und die Mosel konnten die Fässer bequem nach Holland, Skandinavien und England verfrachtet werden. Seitdem wird der Wein nicht nur von Mächtigen getrunken und ist längst zum Mythos geworden.

Oh Mosella, du hast ja so viel Wein … und *Wenn das Wasser im Rhein goldner Wein wär'* … Selbst japanische Touristen auf den Ausflugsdampfern können diese leicht angestaubten Evergreens in Momenten der Weinseligkeit mitsummen. Mit feuchtfröhlicher Folklore hat das moderne Gesicht des

Jedes Jahr wird der Neue Wein (Federweißer) sehnlichst erwartet.

Weinbaus an Rhein und Mosel jedoch nicht mehr viel zu tun. An den steilen Hängen der Flusstäler wachsen und gedeihen Weine von höchster internationaler Qualität. Eine Generation junger, exzellent ausgebildeter Winzer bietet den französischen und italienischen Spitzenweinen schon seit Jahren Paroli. Das Rezept heißt schlicht: Klasse statt Masse. Typisch für die Regionen ist der Weinbau in Steillagen. So gilt der Calmont zwischen Ediger-Eller und Bremm als steilste Einzellage Europas. Und auch am „Höllenberg" bei Assmanshausen stehen die Reben auf einem Gelände, das bis zu 60 % Neigung hat.

Die Geschichte der Stadt Koblenz ist eng mit dem Weinbau, dem Weinhandel sowie der Sektherstellung verknüpft. Im 20. Jahrhundert galt Koblenz sogar phasenweise als Deutschlands führende Sektmetropole. Das Stadtgebiet selbst verfügt über eine Rebfläche von rund 40 Hektar, bewirtschaftet von etwa zwei Dutzend Weingütern. Empfehlenswert ist ein Besuch des Koblenzer Weindorfes (► S. 109). Direkt dahinter findet man die Mittelrhein-Lage Koblenzer Schnorbach-Brückstück. Mit rund 1500 Rebstöcken ist dies die kleinste Einzellage Deutschlands.

FEDERWEISSER

Federweißer gehört zum Herbst wie Kastanien oder buntes Laub und wird von Weinliebhabern sehnlichst erwartet, ist er doch der erste Vorbote der Weinsaison. Der gärende Traubenmost hat seinen Namen von den Hefen, die wie Federchen im Glas tanzen. Da er auf der Zunge prickelt und leicht zu Kopf steigt, ist er auch als Bitzler, Sauser oder Rauscher bekannt. Wird er aus roten Weintrauben gemacht, nennt man ihn auch „Roten Rauscher". Federweißer muss frisch getrunken werden. Am besten passt dazu ein Stück herzhafter Zwiebelkuchen.

37 DIE KOBLENZER MUNDART KOWELENZER PLATT – WAT ISSEN DAT?

KOBLENZER PLATT

Wat – Was

Dat – Das

Schängel – kleiner Jean, Pseudonym für alle Koblenzer

Steckelche – Kleine Erzählung, Anekdote

Monnie – Geld

Drottewaar – Bürgersteig

Krummbiere – Kartoffel

Debbekooche – dicker deftiger Kartoffelpfannkuchen, typ. Koblenzer Gericht

„Vom ville Schaffe ginn die beste Pärd kabott" (Vom vielen Arbeiten gehen die besten Pferde kaputt). Diese Weisheit spricht nicht nur für die Lebensklugheit der Koblenzer, sondern ist auch ein gutes Beispiel für den Koblenzer Dialekt, besser gesagt, ein gutes Beispiel für Kowelenzer Platt. Die Koblenzer Mundart gehört zum Moselfränkischen, und der Moselfranke bezeichnet seinen Dialekt als Platt: Mir schwätzen Platt. Allerdings singen die Kowelenzer nicht so melodisch wie viele Rheinländer, sondern halten ihre Sprache in einer eher ebenen Tonlage, sie lieben breite Laute und verlängern diese auch gerne: Aus wird wird wierd, aus Du wird Dau und aus Birne Biere. Eine weitere Eigenheit: Konsonanten nach Vokalen werden verdoppelt: Statt viel sagen sie vill, statt Spiel Spill. Außerdem wird aus das dat und aus was wat. Die berühmte „das-dat Grenze" trennt den moselfränkischen vom rheinfränkischen Dialekt. In Rheinland-

Der Schängel lässt grüßen: modernes Outfit zur BUGA.

Pfalz verläuft sie quer über den Hunsrück, erreicht bei St. Goar den Rhein und läuft dann nordöstlich an der rheinland-pfälzisch-hessischen Grenze entlang über Limburg an der Lahn bis nach Nordrhein-Westfalen.

Wenn Sie aus dem Mund von Koblenzern Worte wie Blümo (Bettdecke), Filou (Lausbub), Parablü (Regenschirm) oder Drottewaar (Bürgersteig) hören, so handelt es sich um Überbleibsel aus der Zeit, als Koblenz von der französischen Revolutionsarmee erobert und Hauptstadt des französischen Départements „Rhin-et-Moselle" wurde (1794–1814). Damals hielten sich so viele französische Immigranten in Koblenz auf, dass die Stadt „Klein Paris" genannt wurde. Sogar Zeitungen erschienen zweisprachig. Aus dieser Zeit stammt auch der Ausdruck Schängel für alle in Koblenz Geborenen (► S. 90).

Die Koblenzer halten ihre Muttersprache hoch und würden sie auch in Zukunft gerne hören, deshalb gibt es einen „Moddersprachpreis", mit dem jährlich eine Person oder Gruppe ausgezeichnet wird, die sich in besonderer Weise für die Pflege der Mundart eingesetzt hat. Zudem verfügt Koblenz über die älteste Mundart-Wortsammlung im Rheinland. Schon 1787 publizierte der Koblenzer J. H. von Bleul eine Wortliste. Hannelore Kraeber veröffentlichte mit dem „Neuen Wörterbuch der Koblenzer Mundart" dann eine dokumentierte Koblenzer Sprachsammlung aus über 200 Jahren. Eine echte Rarität unter den Mundartaufzeichnungen!

Mein Lieblingsplatz

WILLI & ERNST

Die „Rentner" Willi & Ernst heißen im wahren Leben Dirk Zimmer und Markus Kirschbaum. Die zwei Koblenzer Kabarettkünstler sind auf vielen Bühnen zu Hause und als BUGA-Botschafter unterwegs.

Wenn im Sommer die Sonn vom Himmel brennt, die Vögelcher zwitschere un die Grille zirpe, dann git et für ons nur eins. Bäim Pretzer im Biergaade sitze un en kühles Pils schnappe. Donoh latschele mir zwo gemütlich durch die wunderschönen Kaiserin-Augusta-Rheinanlagen, am Schloss mit säinem neu gestalteten Schlossgaade vurbäi mit wunderbarem Blick uff die Festung Ehrenbreitstein un die schäl Säit Richtung Altstadt. En letzter Blick uff Seilbahn un Deutsches Eck un dann üwer dä Jesuiteplatz, am Schängel vurbäi in die Braugass int Brauhaus. Do sitze mir dann, trinke onser heimisches Bier un genieße dat Lewe. Denn wo nette Läit bäisamme sin, do isset am Schönste. Un die, die git et in Kowelenz zuhauf. In dem Sinn: Nit lang schwaade, laade!

38 KOBLENZER SCHÄNGEL UND SCHÄNGELBRUNNEN

Wer in Koblenz geboren wurde, ist in erster Linie ein Schängel und erst in zweiter Linie ein Koblenzer. Es gilt, ein Schängel zu sein ist Ehrensache. Das war nicht immer so. Ursprünglich war die Bezeichnung ein Schimpfwort für Kinder mit deutscher Mutter und französischem Vater – damals, als Koblenz zu Frankreich gehörte (1794–1814). Viele wurden auf den Namen Jean getauft, was unserem Johann oder Hans entspricht – das aber konnten die Koblenzer nicht aussprechen und so wurde aus Jean schnell Schang und aus Schang die Verniedlichung Schängel (Hänschen). Auch das Wort Schängelche, also kleines Hänschen, hört man oft. Im Laufe der Jahre wurde aus dem Schimpfwort ein Spitz- und Ehrenname, den jeder in Koblenz geborene in Anspruch nehmen darf.

Im Rathaushof am Jesuitenplatz haben sie dem Schängel ein Denkmal gesetzt. Der kleine Junge aus Bronze auf dem Brunnen ist gar zu niedlich anzuschauen. Doch wer ihm zu nahe kommt, der wird geduscht – denn alle zwei Minuten spuckt das Schängelchen Wasser in hohem Bogen über den Brunnenrand hinaus. Und schon kennt man den Charakter des Schängels, er ist ein Lausbube, immer zu Späßen bereit und voller Lebensfreude.

Der Brunnen wurde 1940 von Carl Burger entworfen und ist dem Koblenzer Heimatdichter Josef Cornelius gewidmet, der 1914 das Gedicht „Dat Cowelenzer Schängelche" schrieb, welches später, von Carl Wilhelm Kraehmer vertont, ein Riesenerfolg wurde und als Koblenzer Hymne gilt. Der Schängelbrunnen gehört heute zum UNESCO-Weltkulturerbe Oberes Mittelrheintal. Die Reliefs rund um den Trog aus Eifeler Basaltlava zeigen die Streiche der kleinen Schängel.

Wer aufmerksam durch die Stadt geht, entdeckt den Schängel noch öfter, beispielsweise auf Kanaldeckeln. Und einmal im Jahr wird der kleine Jean auch gefeiert: Auf dem SchängelMarkt, dem größten Volks- und Stadtfest im nördlichen Rheinland-Pfalz (► S. 98).

Dat Cowelenzer Schängelche

(Text: Josef Cornelius – Vertonung: Karl Wilhelm Kraehmer)

Et es bekannt doch iwweral
Et waiß och jedes Kend,
Dat närjens en der ganze Welt
Die Schängelcher mer fend,
Als hei bei ons am Deutsche Eck,
Wo seit uralter Zeit
Dat Kowelenzer Schängelche
Am allerbest' gedeiht.
Et es vur kainem bang
On singt sei Lewe lang.

Refrain:

E lustich Kowelenzer Schängelche ich sein,
Gedaaft met Rhein- on Musselwasser on met Wein,
Gesond an Herz, an Lewer on der Lung,
On sein och meiner Modder ihrer allerbeste Jung!

On wenn em och dä kalte Wend
Als dorch dat Bexje bläst,
Et niemals dä Humor verleert,
Dä Kopp nie hänge lässt.
Et singt on pfeift, es kreuzfidel,
On hept grad wie en Spatz,
On wer met imm kei Spaß verstieht,
Dat es en Bullewatz.
Wo Zitz on Zores hei,
Do es et stets dobei.

Refrain

Dat Kowelenzer Schängelche
Lässt nie im Lewe no,
On wenn et mol ein Schängel es,
Sein annere widder do.
Su lang ons Mädcher Engelcher,
Dat es die Quintessenz,
Do get et och noch Schängelcher
En onser Residenz.
Dromm holl sich jeder schnell
An ons hei dat Modell.

Refrain

39 AN RHEIN UND MOSEL DAHEIM

Die Lage an Mosel und Rhein hat Koblenz berühmt gemacht. Zum einen war die Stadt in ihrer über 2000-jährigen Geschichte unter wechselnder Herrschaft, denn sie hatte aufgrund ihrer Lage an wichtigen Verkehrswegen eine große strategische Bedeutung. Zum anderen zog sie Dichter und Denker an. Viele Persönlichkeiten, die in Koblenz geboren wurden oder hier zu Hause waren, sind über die Stadtgrenzen hinaus bekannt, manche weltweit geachtet. Wer mit offenen Augen durch Koblenz geht, erfährt viel über die Söhne und Töchter der Stadt, denn ihnen wurden Denkmäler gesetzt, Straßen, Plätze oder Schulen sind nach ihnen benannt und so mancher wurde mit dem Ehrenbürgertitel bedacht.

Beispielsweise der spätere französische Staatschef Valéry Giscard d'Estaing, der 1926 in Koblenz das Licht der Welt erblickte. Ebenfalls in Koblenz geboren wurde einer der ehemals führenden Staatsmänner Europas, Clemens Wenzeslaus von Metternich (1773–1859). Auch Peter Altmeier, Ministerpräsident des Landes Rheinland-Pfalz von 1947 bis 1969, stammt aus Koblenz.

Kaiserin Augusta.

An die preußische Zeit der Stadt erinnert das wohl berühmteste Koblenzer Denkmal am Deutschen Eck, Kaiser Wilhelm I. hoch zu Ross. Seiner Frau Augusta wurde in den gleichnamigen Gartenanlagen am Rhein ebenfalls ein Denkmal gesetzt (► S. 30).

Clemens Brentano.

Clemens Brentano, der Initiator der literarischen Rheinromantik, wurde im Koblenzer Stadtteil Ehrenbreitstein geboren, Kunstmäzen Peter Ludwig (1925-1996) legte mit seiner Stiftung den Grundstein zum Ludwig Museum (► S. 65).

Ein Denkmal für den Gründer des „Rheinischen Merkurs", Joseph Görres.

Auch Wissenschaftler beherbergte die Stadt, darunter den Physik-Nobelpreisträger Max von Laue und einen der großen Naturphilosophen des 19. Jahrhunderts, Johannes Müller.

Seine erste Verlagsbuchhandlung eröffnete Verleger und Reiseführerautor Karl Baedecker 1827 in Koblenz (► S. 26). Heute hat wohl fast jeder einen „Baedeker" im Bücherregal.

Der Koblenzer Joseph Görres, Gründer des „Rheinischen Merkurs", war einer der einflussreichsten politischen Publizisten der ersten Hälfte des 19. Jahrhunderts. Aus Funk und Fernsehen dagegen sind diese beiden Koblenzer bekannt: Wettermoderatorin Claudia Kleinert und der Musiker und Sänger Thomas Anders.

Sänger Thomas Anders.

Unglaublich faszinierend zu Lande und zu Wasser: Rhein in Flammen.

CITY CHECK KOBLENZ

FESTE & FEIERN

Wenn in Koblenz Feuer gespuckt wird, sich allerlei verkleidetes Volk unter die Zuschauer mischt, Jongleure und Musiker die Straßen bevölkern, dann ist das Internationale Gauklerfestival in vollem Gange. Und wenn das Mittelrheintal bei Rhein in Flammen im Feuerwerksglanz erstrahlt, feiern die Menschen auf dem größten Schiffskorso Europas. Doch nicht nur die ganz großen Publikumsmagnete lohnen einen Abstecher nach Koblenz: Das Horizonte – sowie das Guitar Festival oder die Mendelssohn-Tage sind weithin hoch geschätzte Musikereignisse. Daneben geht es aber auch ein wenig familiärer zu, auf den zahlreichen fröhlichen Weinfesten.
Terminüberblick: *www.koblenz-touristik.de*

JANUAR

Inthronisation der Koblenzer Tollitäten
Wir sind im Rheinland, da wird Karneval gefeiert. Der Prinz und seine Dame „Confluentia“ sowie ihr Hofstaat besteigen den Thron.

FEBRUAR

Internationale Musiktage Koblenz (Februar bis Mai)
Das ist ein Musikgenuss der besonderen Art: Werke großer Musiker werden vorgetragen von international herausragenden Künstlern und hochbegabtem Nachwuchs. Die Musiktage sind mittlerweile weit über die Region hinaus bekannt und beachtet.

Rosenmontagszug (Februar/März)
Närrischer Lindwurm durch die Innenstadt mit rund 100 Fußgruppen, 50 Wagen und über 20 Musikgruppen.

MÄRZ

Koblenzer Literaturtage „Koblenz – ganzOhr“
International und national bekannte Autoren, aber auch Newcomer, lesen an außergewöhnlichen Orten aus ihren Werken, dazu gibt es Musik und Wein.

APRIL

Wein- und Blütenfest
Koblenz-Güls feiert seine Kirschblüte und den Wein.

Nacht der offenen Kirchen
Die Kirchen in Koblenz kann man bei diesem Angebot einmal ganz anders kennenlernen. Neben Konzerten und musikalischen Workshops gibt es besinnliche und meditative Angebote (wechselnde Termine).

MAI

Koblenz International Guitar Festival & Academy
International bekanntes Festival für klassische Gitarre. Konzerte, Meisterkurse, Workshops, Vorträge sowie ein Gitarrenwettbewerb erwarten die Zuhörer.

Hochwald Mittelrhein-Marathon (Mai/Juni)
Auf einer der größten Sportveranstaltungen in Rheinland-Pfalz laufen, skaten und walken Tausende Sportler durchs Mittelrheintal zwischen Boppard und Koblenz.

JUNI

Kaiserin Augusta – Das Fest (1. Sonntag)
Die Koblenzer feiern ihre Kaiserin in den Rheinanlagen, dem Park, den Augusta den Koblenzern schenkte (► S. 30). Ganz standesgemäß werden Kutschfahrten, klassische Musik und Weinproben geboten.

Mittelrhein Musik Festival (Juni bis August)
Bei diesem Festival sind unvergessliche Momente ganz sicher. An vielen Spielorten im UNESCO-Welterbe Oberes Mittelrheintal, meist Open Air, sorgen hochkarätige Künstler für einen ganz besonderen Sommergenuss.

Tal Total Raderlebnistag
Zwischen Bingen/Rüdesheim und Koblenz gehören beide Rheinufer an diesem Tag den Radfahrern und Inlineskatern. Das eröffnet eine ganz neue Perspektive auf das UNESCO-Weltkulturerbe Oberes Mittelrheintal mit seinen vielen Burgen.

Kaiserin Augusta.

JULI

Altstadtfest
Drei Tage lang bebt die Koblenzer Altstadt bei einem der beliebtesten Feste überhaupt. Sich treffen, feiern, gute Musik hören und Spaß haben!

Weltkulturfestival Horizonte (Juli/August)
Eines der schönsten Weltkulturfestivals in Deutschland vor der Kulisse der mächtigen Festung Ehrenbreitstein hoch über dem Rhein.

Drachenbootrennen (Juli/August)
Die Regatta der farbenfrohen Boote zwischen Balduinbrücke und Deutschem Eck ist ein Augenschmaus. Vom Peter-Altmaier-Ufer aus kann man die Teams anfeuern.

Internationales Gaukler- und Kleinkunstfestival (Juli/August)
Wenn sich die Altstadt drei Tage lang in ein kunterbuntes Künstlerdorf verwandelt, ist Gauklerfest in Koblenz. Clowns, Jongleure, Akrobaten, Artisten, Puppenspieler und Comedians aus allen Herren Länder sind unterwegs.

AUGUST

Rhein in Flammen (2. Samstag)
Zwischen Braubach/Spay und Koblenz lassen gleich acht Feuerwerke das UNESCO-Welterbe Oberes Mittelrheintal in fantastischen Farben erstrahlen, während die Menschen auf Europas größtem Schiffskorso mit über 70 Schiffen und den Ufern ein ausgelassenes Fest feiern.

Moselfest Winningen (August/September)
In Winningen wird das größte Winzerfest an der Untermosel und nach eigenen Angaben das älteste Winzerfest Deutschlands gefeiert.

SEPTEMBER

Lange Nacht der Museen (1. Wochenende)
Zahlreiche Museen und Galerien öffnen ihre Türen für Nachtschwärmer, unter anderem das Landesmuseum auf der Festung Ehrenbreitstein, das Ludwig Museum oder das Museum der Deutschen Bundesbahn.

Koblenzer SchängelMarkt
Mit dem SchängelMarkt feiern die Koblenzer sich selbst, denn jeder, der in Koblenz geboren wird, ist ein Schängel, ein kleiner Jean (► S. 90). Mehrere Bühnen, unzählige Stände und ein verkaufsoffener Sonntag locken über 100.000 Menschen an.

Tag des offenen Denkmals (2. Sonntag)
Alljährlich öffnen historische Bauten und Stätten in ganz Deutschland, die sonst nicht oder nur teilweise zugänglich sind, ihre Türen. Auch in und um Koblenz.

Koblenzer Mendelssohn-Tage
Auf dem Programm stehen Kammermusik, Orchester- und Chor-Konzerte, Liederabende und ein Festvortrag.

Weinfest in Koblenz-Lay
Das Weinfest ist eines der traditionsreichsten Feste in dem kleinen Moselort.

OKTOBER

Markt der Regionen
Direktvermarkter, Bioläden und Weltläden aus Koblenz und der Umgebung bieten auf dem Münzplatz ökologisch, umweltschonend und fair produzierte regionale Produkte an. Kunsthandwerker zeigen ihre Arbeit.

Debbekoochefest (wechselnde Termine)
Volksfest auf dem Münzplatz und in der Altstadt. Es dreht sich alles um Debbekooche (eine Art dicker, deftiger Kartoffelpfannkuchen), ein typisches Koblenzer Herbst- und Wintergericht.

NOVEMBER

St. Martin
Umzüge der Kirchengemeinden und Kindergärten.

DEZEMBER

Weihnachtsmarkt
Rund 300.000 Besucher können sich nicht irren. So viele kommen im Schnitt zum Weihnachtsmarkt auf die Plätze und in die Gassen der historischen Koblenzer Altstadt. Über 100 Stände lassen die Herzen höherschlagen, dazu werden Konzerte und Kutschfahrten geboten.

Weihnachtsmarkt auf dem Plan.

Silvesterparty am Plan
Traditionelle Party auf dem Plan.

KÜCHE & KELLER

KÜCHE & KELLER

TOP 5

ESSEN & TRINKEN IN DER CITY

- 1 *Alter Rheinkran Pegelhaus*
- 2 *Augusta Restaurant*
- 3 *Blumenhof*
- 6 *Historischer Weinkeller*
- 7 *Inceno*
- 9 *Restaurant Deinhard's*
- 10 *Rheinrestaurant ClemenS*
- 14 *Restaurant Dormont's*
- 15 *Wirtshaus Alt Coblenz*
- 18 *Weinhaus Hubertus*
- 23 *Weinstube Kornpforte*
- 24 *Winninger Weinstuben*
- 26 *Altes Brauhaus*
- 27 *Königsbacher Biergarten*
- 30 *Da Vinci*
- 31 *Gigi's Ristorante*
- 32 *La Gondola*
- 33 *Osteria Novecento*
- 34 *Pizzeria Sole*
- 35 *Buffalo – Das Steakhaus*
- 36 *Guarida Tapas Bar*
- 37 *Restaurant Poseidon*
- 38 *Rüüan Thai*
- 39 *Sushibar ICHIBAN*

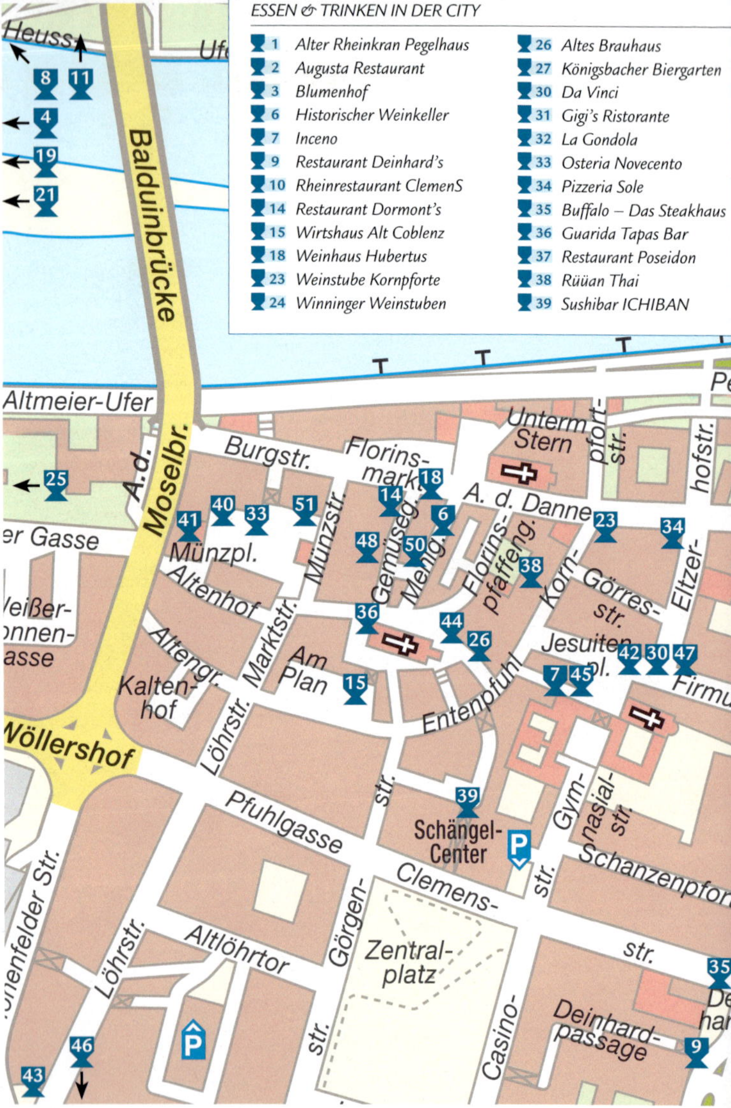

- 40 *Taj Mahal*
- 41 *Taquitos*
- 42 *Eiscafé Brustolon*
- 43 *Eiscafé Dolce Vita*
- 44 *Eiscafé e Gel o Sia*
- 45 *aran Café*
- 47 *Café Einstein*
- 48 *Café Miljöö*
- 49 *Café Palais und Fellinis*
- 50 *Café Bistro Pfefferminzje*
- 51 *Kaffeewirtschaft*

Pegelhaus mit Glasdach.

Blumenhof

ANSPRUCHSVOLL & AMBIENTE

ALTER RHEINKRAN PEGELHAUS

Konrad-Adenauer-Ufer 1
56068 Koblenz
0261/9733254
Mi.–Mo. ab 11.30 Uhr,
Di. Ruhetag

1 Alter Rheinkran Pegelhaus

Bei schönem Wetter sitzt man perfekt draussen und genießt Speisen und Getränke mit Blick auf die Festung Ehrenbreitstein. ***Tipp:*** Abends einen Tisch unter der neuen gläsernen Panoramakuppel reservieren – und im Kerzenschein Mond und und Sterne über Koblenz sehen. Romantik pur in alten Mauern!

www.deutsches-eck-koblenz.com

AUGUSTA RESTAURANT

Rheinstr. 2a
Eingang Rheinzollstr.
56068 Koblenz
0261/91446822
Di.–So. 11.30–14 Uhr
und ab 17.30 Uhr,
Mo. Ruhetag

2 Augusta Restaurant

Die Küche arbeitet mit regionalen Produkten, das Fleisch beispielsweise stammt von Produzenten aus der Umgebung. Auch auf der Weinkarte bleibt man sich treu, heimische Winzer haben Vorrang. ***Tipp:*** Das Rinderfilet vom Metzger Seul mit Oliven und Rosmarin in kräftiger Jus.

www.augusta-koblenz.de

BLUMENHOF RESTAURANT & CAFÉ

Deutsches Eck
Danziger Freiheit 3
56068 Koblenz
0261/9738987

3 Blumenhof Restaurant & Café

Idylle – das ist die passende Beschreibung für das Restaurant Blumenhof, das in direkter Nachbarschaft zum berühmten Deutschen Eck liegt. Das Restaurant ist eingebettet in das historische Ensemble aus mittelalterlicher Ballei des Deutschen Ritterordens, dem Museum Ludwig im Deutschherrenhaus und dem Blumenhof-

Park mit der Basilika St. Kastor. Man speist in alten Mauern oder im romantischen Innenhof. ***Tipp:*** An lauen Sommerabenden einen Tisch auf der Terrasse reservieren.

www.weinkeller-koblenz.de

4 Fährhaus am Stausee

Das Fährhaus am Stausee liegt direkt an der Mosel in Koblenz-Metternich. Aber nicht nur das Ambiente ist hier Extraklasse, auch die Speisen, die Küchenchef Markus Konieczny mit seiner Brigade auf die Teller zaubert, sind von herausragender Qualität. ***Tipp:*** Als Nachspeise Waldbeerenparfait mit weißem Glühweinkern an Walnuss-Sahnekrokant probieren.

www.faehrhaus-am-stausee.de

FÄHRHAUS AM STAUSEE

An der Fähre 3
56072 Koblenz
0261/927290
Di.–So. 12–14 Uhr, 18–22 Uhr

5 Ferrari's Restaurant-Café

Von der Festung Ehrenbreitstein aus hat man den schönsten Blick auf Koblenz und das Deutsche Eck. An diesem einmaligen Ort liegt das Restaurant von Rita und Gustel Ferrari in den alten Festungsgemäuern. Das Lieblingsgericht vieler Stammgäste heißt „Abgeschmelzte Kartoffelklöße mit Röstbrotkrumen und Frühlingslauch gefüllt auf Sahne-Lammbolognaise". ***Tipp:*** Den Sonnenuntergang auf der Terrasse bei einem guten Glas Wein genießen!

www.ferrari-koblenz.de

FERRARI'S RESTAURANT-CAFÉ

Oberer Schlossplatz
Festung Ehrenbreitstein
56070 Koblenz
0261/9730916
zu den BUGA-Öffnungszeiten geöffnet

Ferrari's Restaurant.

6 Historischer Weinkeller

Das alte Kreuzgewölbe und die moderne Einrichtung passen wunderbar zusammen. Bei Kerzenschein werden jeweils zwei Menüs geboten, die man auch à la carte genießen kann. Daneben gibt es die Weinbar Gerhard's. ***Tipp:*** Ein Platz im lauschigen Innenhof.

www.weinkeller-koblenz.de

HISTORISCHER WEINKELLER

Mehlgasse 14–16
56068 Koblenz
0261/9738987
Weinkeller:
Di.–Sa. ab 18.30 Uhr
Weinbar:
Di.–Sa. ab 17 Uhr

7 Inceno (Dunkelrestaurant)

Aufgetischt im Inceno.

Das Inceno ist ein besonderes Restaurant. Die Betreiber Michael Hohl und Matthias Voigt begeistern jeden Tag durch außergewöhnliche Rezepte. Das ist aber noch nicht alles: Nach Voranmeldung kann man hier auch in vollkommener Dunkelheit speisen, bedient von blinden Kellnern. Wer es einmal ausprobiert, wird über ganz neue Geschmackseindrücke staunen! ***Tipp:*** Unbedingt ein Dunkelmenü ausprobieren.

INCENO

Firmungstr. 31
56068 Koblenz
0261/98303697
Sommer tgl. 11–24 Uhr,
Winter tgl. 14–24 Uhr

www.inceno.com

8 Jaumanns Kochplatz

Der Bendorfer Thomas Jaumann ist nicht nur in Koblenz bekannt, sondern in ganz Deutschland – denn er ist der SAT.1-Fernsehkoch und spornt in „Deutschlands Meisterkoch" Kochtalente zu Höchstleistungen an. In seinem Restaurant darf man daher einiges erwarten. ***Tipp:*** Im Jaumanns gibt es auch Kochkurse.

JAUMANNS KOCHPLATZ

August-Thyssen-Str. 23
56070 Koblenz
0261/91477780
Mo.–Fr. 12–14.30 Uhr
und 18–24 Uhr,
Sa. 18–24 Uhr

www.kochplatz.de

9 Restaurant Deinhard's

Das Restaurant im Stammhaus der berühmten Sektkellerei bietet saisonale und französische Spezialitäten, dazu prickelnde Getränke des Hauses. ***Tipp:*** Ein Aufzug führt direkt hinab ins Kellermuseum (► S. 68).

RESTAURANT DEINHARD´S

Deinhardplatz 3
56068 Koblenz
0261/9144567
tgl. ab 11 Uhr,
Mo. Ruhetag

www.deinhards.de

Sektgenuss bei Deinhard's.

Terrasse Rheinrestaurant ClemenS

10 Rheinrestaurant ClemenS

Unterhalb der Festung Ehrenbreitstein liegt das Rheinrestaurant ClemenS. Von der Terrasse aus kann man den Blick auf den Rhein und die Koblenzer Altstadt genießen. Das Restaurant gehört zum Vier-Sterne-Hotel Diehl's – seit 90 Jahren in Familienbesitz. ***Tipp:*** Das Candlelight-Dinner vor der illuminierten Koblenz-Kulisse.

www.restaurant-clemens.de

RHEINRESTAURANT CLEMENS

Rheinsteigufer 1
56077 Koblenz
0261/97070
tägl. 10–22 Uhr

11 Schiller's Restaurant

Das Restaurant überrascht mit einem ungewöhnliche Mix aus regionaler und französischer Küche. Im Wintergarten, im Café oder der Löffelstube sitzt man herrlich bequem.
Tipp: Frische Fischgerichte.

www.schillers-restaurant.de

SCHILLER'S RESTAURANT

Mayener Str. 126
56070 Koblenz
0261/963530
Di.–Fr. 12–14 Uhr,
Di.–Sa. ab 18 Uhr,
So. und Mo. Ruhetag

12 Schloss Engers

Koblenz-Besucher sollten einen Abstecher zum Schloss Engers nach Neuwied einplanen. Im Schlossgewölbe oder auf den Rheinterrassen mit Blick auf die vorbeifahrenden Schiffe lässt es sich herrschaftlich speisen. ***Tipp:*** Salatteller Schloss Engers mit Früchten und Poulardenstreifen.

www.schloss-engers.de

SCHLOSS ENGERS

Alte Schlossstr. 2
56566 Neuwied
02622/9264295
Mo.–Sa. ab 15 Uhr
(Okt.–Mai ab 18 Uhr),
So. u. feiertags
ab 11 Uhr

RHEINLÄNDISCH & REGIONAL

13 Korn's Mühle

KORN'S MÜHLE

Mühlental 84
56077 Koblenz
0261/3947698
Mo. u. Di. Ruhetag, Mi.–Sa. ab 17 Uhr, So. u. feiertags ab 11.30 Uhr

Der rustikale Landgasthof liegt im Grünen, im Naherholungsgebiet Mühlental, umgeben von Wald, Wiesen und Feldern. Hirsche, Rehe und Ziegen in den Gehegen sind eine Attraktion für Kinder. ***Tipp:*** Der original Elsässer Flammkuchen.

www.kornsmuehle.de

14 Restaurant Dormont's

RESTAURANT DORMONT'S

Gemüsegasse 5
56068 Koblenz
0261/3002110
tägl. ab 17 Uhr

So schmeckt Deutschland: Vera Dormont tischt auf, was die Region an hausgemachten Spezialitäten zu bieten hat. ***Tipp:*** Die Gulaschsuppe.

15 Wirtshaus Alt Coblenz

WIRTSHAUS ALT COBLENZ

Am Plan 13
56068 Koblenz
0261/160656
Di.–So. ab 12 Uhr, Mo. Ruhetag

Das Wirtshaus liegt am Plan, kein Wunder, dass die Tische im Freien begehrt sind. Aber auch das Innere ist sehenswert, im gemütlichen historischen Bruchsteinkeller wird Regionales aufgetischt. ***Tipp:*** Der Toast „Deutsches Eck" mundet Gästen aus aller Welt.

www.alt-coblenz.de

Immer lecker: Essen in Koblenz.

16 Wüstenhof

Der Wüstenhof liegt außerhalb von Koblenz in Weitersburg. Der Weg lohnt sich aber wegen des tollen Blicks auf Koblenz und das Mittelrheintal, den man vom großen Biergarten aus genießen kann. In der familiären Atmosphäre fühlt man sich wohl, für Kinder gibt es einen Spielplatz. ***Tipp:*** Jeden Monat bietet der Wüstenhof ein Special an.

www.gaststätte-wüstenhof.de

WÜSTENHOF

Wüstenhof 1
56191 Weitersburg
0261/60572
Di.–Fr. 14–23 Uhr,
Sa., So. 11–23 Uhr

WEIN & WEINGÄRTEN

17 Weindorf Koblenz

Das Weindorf in den Rheinanlagen nahe der Pfaffendorfer Brücke wurde 1925 zur „Reichsausstellung Deutscher Wein" aufgebaut. Es sieht aus wie ein typisches Winzerdorf mit Fachwerkhäusern, die nach den Anbaugebieten benannt sind, beispielsweise Nahehaus, Mittelhaus, Moselhaus oder Pfalz-Stuben. Dort kann man auch heute noch Weine der verschiedenen Anbauregionen bestellen. ***Tipp:*** Sonntagsbrunch.

www.weindorf-koblenz.de

WEINDORF KOBLENZ

Julius-Wegeler-Str 2
56068 Koblenz
0261/1337190
tgl. ab 11 Uhr

18 Weinhaus Hubertus

Im rustikalen Fachwerkhaus werden ausgezeichnete Weine und kulinarische Kleinigkeiten angeboten. Die Weinstube der liebenswerten Wirtsleute Karin und Dieter Spahl wurden von der Landwirtschaftskammer Rheinland-Pfalz als „Haus der besten Schoppen Premium" ausgezeichnet. ***Tipp:*** Prämierte Schoppen gleich probieren.

www.weinhaus-hubertus.de

WEINHAUS HUBERTUS

Florinsmarkt 6/
Ecke Gemüsegasse
56068 Koblenz
0261/31177
tgl. ab 16 Uhr,
Sa., So. u. feiertags ab 11.30 Uhr,
Di. Ruhetag
(während der BUGA kein Ruhetag)

WEINHAUS KREUTER

Stauseestr. 31
56072 Koblenz-Güls
0261/941470
tgl. 11.30–13.45 Uhr,
17.30–21.45 Uhr

19 Weinhaus Kreuter

Das Weinhaus liegt im Koblenzer Stadtteil Güls. Im Winter macht man es sich am Kachelofen gemütlich, im Sommer können die Gäste von der Terrasse aus den Blick auf die Mosel genießen. ***Tipp:*** Rumpsteak mit Bratkartoffeln und Salat.

www.weinhaus-kreuter.de

WEINHAUS MERKELBACH

Emser Str. 87
56076 Koblenz
0261/974410
Mi.–Sa. ab 16 Uhr,
So. und feiertags ganztägig,
Mo. u. Di. Ruhetag

20 Weinhaus Merkelbach

Das urige Haus liegt direkt am Rhein im Stadtteil Pfaffendorf und ist zu Fuß in 15 Minuten von der Innenstadt aus zu erreichen. Empfehlenswert ist der Salat Merkelbach. ***Tipp:*** Den Schiffsanleger direkt vor dem Weinhaus zur Burgenfahrt auf Rhein und Mosel nutzen.

www.hotel-merkelbach.de

WEINHAUS SCHWAAB

Winninger Str. 84
56072 Koblenz
Di.–So. ab 15 Uhr,
Mo. Ruhetag

21 Weinhaus Schwaab

Das ganzjährig geöffnete Weinhaus gehört zum gleichnamigen Weingut. Ins Glas kommen Weine aus den umliegenden Weinbergen der Terrassenmosel. Aufgetischt werden nicht nur herzhafte Speisen, sondern auch Kaffee und Kuchen. ***Tipp:*** Im Sommer lockt der Weingarten.

www.weinhaus-schwaab.de

Reben soweit das Auge reicht.

22 Weinhaus Wagner

Die Weine, die in dieser Weinstube ausgeschenkt werden, kommen aus den Weinbergen in der Nähe. Das Weingut ist eines der größten am Mittelrhein und baut neben dem Riesling 12 weitere Rebsorten aus, die alle in der Weinstube ausgeschenkt werden. ***Tipp:*** Ausgiebige Weinproben (auf Voranmeldung).

www.wein-wagner.de

WEINHAUS WAGNER

Mühlental 23
56077 Koblenz
0261/73614
Di.–Sa. ab 16 Uhr,
So. ab 11 Uhr,
Mo. Ruhetag

23 Weinstube Kornpforte

Mitten in der Koblenzer Altstadt in einem wunderschön renovierten Haus liegt diese Weinstube. Wenn der Abend mal wieder länger wird, kann man sich im dazugehörenden Hotel ein Zimmer mieten. ***Tipp:*** Jeden Mittwoch im Winter gibt es ein typisch Koblenzer Gericht – den Debbekooche!

www.hotel-kornpforte.de

WEINSTUBE KORNPFORTE

Kornpfortstr. 11
56068 Koblenz
0261/31174
Mo.–Fr. ab 16 Uhr

24 Winninger Weinstuben

Nur fünf Minuten vom Deutschen Eck und der Altstadt entfernt liegt die Weinstube, in der man zwischen 38 offenen Weinen wählen kann. ***Tipp:*** Flammkuchenrolle mit Rucola, Parmaschinken und Feta.

www.winninger-weinstuben.net

WINNINGER WEINSTUBEN

Rheinzollstr. 2
56068 Koblenz
0261/38707
tgl. ab 16 Uhr,
(während der BUGA ab 11 Uhr),
Mo. Ruhetag

25 Winzerhof Wirges

Besonders an lauen Sommerabenden ist es schwer, im Innenhof einen Platz zu bekommen, denn mit Blick auf Fachwerkhäuser aus dem 17. Jahrhundert schmeckt der Wein noch mal so gut. ***Tipp:*** Hausgemachter Speck-Kartoffelsalat!

www.winzerhofwirges.de

WINZERHOF WIRGES

Bahnhofsweg 5 · 56073 Koblenz · 0261/43242
Winter:
Do. u. Fr. 15 Uhr,
Sommer:
Fr., Sa., So. 15.30 Uhr

Königsbacher Biergarten.

BIERGÄRTEN & BRAUHÄUSER

26 Altes Brauhaus

Das traditionsreiche Alte Brauhaus im Herzen der Koblenzer Altstadt ist das Stammhaus der Königsbacher Brauerei. Einheimische wie Touristen schätzen das Ambiente, die regionale Speisekarte und ein frisch gezapftes Bier. ***Tipp:*** Zum Wochenende steppt hier meist der Bär.

www.altesbrauhaus-koblenz.de

ALTES BRAUHAUS

Braugasse 4
56068 Koblenz
Mo.–Do. 9–24 Uhr, Fr–Sa 9–1 Uhr, So. und feiertags 10–22 Uhr

27 Königsbacher Biergarten am Deutschen Eck

Der beliebte Biergarten liegt am Deutschen Eck, bietet also tolle Aussichten. Während der BUGA ist er nur mit einer Eintrittskarte zu erreichen. ***Tipp:*** Kinder können auf dem neuen Wasserspielplatz in der Nähe toben.

www.koenigsbacher-biergarten.de

KÖNIGSBACHER BIERGARTEN AM DEUTSCHEN ECK

Danziger Freiheit 2
56068 Koblenz
0261/9142323
zu den BUGA-Öffnungszeiten geöffnet

28 Königsbacher Brauereiausschank

Königsbacher ist eine traditionsreiche Brauerei in Koblenz, es gibt sie seit 1689. Im Brauereiausschank kann man alle Biersorten probieren - vom Königsbacher Pilsener bis zum Zischke Kellerbier. Dazu gibt es deftige Speisen wie Schweinshaxe mit Sauerkraut. ***Tipp:*** Im Sommer unbedingt die Terrasse nutzen.

www.koenigsbacher-brauereiausschank.de

KÖNIGSBACHER BRAUEREIAUSSCHANK

An der Königsbach 8
56075 Koblenz
0261/915650
tgl. 10–23 Uhr

29 Biergarten Pretzer

Der Biergarten liegt in den Kaiserin-Augusta-Anlagen, direkt am Rhein und unter Kastanienbäumen, ist also ein tolles Ausflugsziel im Sommer. ***Tipp:*** Spießbraten probieren.

BIERGARTEN PRETZER

Kaiserin-Augusta-Anlagen 20
56068 Koblenz
0261/33147
März bis Ende Nov., 10–23 Uhr

ITALIEN & INTERNATIONAL

30 Da Vinci

Im Da Vinci speist man unter den Werken des großen Leonardo beispielsweise Trüffel-Bandnudeln auf gegrilltem Zucchinicarpaccio und Tête-de-Moine-Rosen oder gegrilltes Schwertfischsteak auf Radieschen-Sprossengemüse, Bananenreis und Karotten-Tabascosauce. ***Tipp:*** Das saisonale 7-Gänge-Überraschungsmenü.

www.davinci-koblenz.de

DA VINCI

Firmungstr. 32 b
56068 Koblenz
0261/9215444
Mo.–Do. 11–24 Uhr,
Fr., Sa. 11–1 Uhr,
So. und feiertags
10.30–14 Uhr

31 Gigi's Ristorante

Ein Italiener mit Rheinblick, übersichtlicher Stammkarte und wechselnden Spezialitäten. Gute Weinempfehlungen von Luigi, dem Chef des Hauses. ***Tipp:*** Ein Tisch an den Fenstern oder auf der Terrasse.

GIGI'S RISTORANTE

Rheinzollstr. 16
56068 Koblenz
0261/160516
tgl. 12–14.30 Uhr,
18–23 Uhr, Di. Ruhetag

32 La Gondola

Seit 1973 führt Familie Pavone das Restaurant in der Koblenzer Innenstadt. Das Team hat sich die authentische italienische Küche auf die Fahnen geschrieben. ***Tipp:*** Antipasti mit Meeresfrüchten.

www.lagondola-koblenz.de

LA GONDOLA

Rheinstr. 6
56068 Koblenz
0261/33136
11–14.30 Uhr,
18–23.30 Uhr,
Mi. Ruhetag

33 Osteria Novecento

Frische italienische Küche, ein ordentliches Preis-Leistungs-Verhältnis, eine schöne Lage mit Aussenbereich am Münzplatz, eine saisonal wechselnde Karte und ein gutes Angebot an Weinen: Das Novecento könnte perfekte Noten verdienen, wenn der Service manchmal nicht ganz so schleppend wäre. ***Tipp:*** Pasta probieren!

OSTERIA NOVECENTO

Münzplatz 3
56068 Koblenz
0261/9144620

34 Pizzeria Sole

Hier gibt es die wohl knackigste Pizza der Stadt, denn sie kommt aus dem Steinbackofen. Neben den bekannten Belägen wie Salami, Schinken oder Gemüse kann man hier auch Pizza mit Lachs, Tiroler Speck, Garnelen oder Gorgonzola probieren. ***Tipp:*** Pizza Sole mit Bresaola, Rucola, Parmesanstücken.

www.pizzeria-sole.de

PIZZERIA SOLE

Eltzerhofstr. 13
56068 Koblenz
0261/33380
Di.–So. 17.30–23 Uhr

35 Buffalo – Das Steakhaus

Kenner sagen, hier gebe es das beste Steak in Koblenz. Wer also Fleischfan ist, sollte sich auf den Weg zum Buffalo machen. Durch die direkte Lage am Theater lange Küchenzeiten! ***Tipp:*** Argentinisches Rumpsteak mit Folienkartoffel.

www.buffalosteakhaus.de

BUFFALO – DAS STEAKHAUS

Deinhardplatz 1
56068 Koblenz
0261/9114555
tgl. 11.30–23.30 Uhr

36 Guarida Tapas Bar

Tapas sind kleine spanische Appetithäppchen, die aber so klasse schmecken, dass man damit eine Hauptmahlzeit bestreiten kann. Inzwischen werden die kleinen Köstlichkeiten aus Fleisch, Fisch, Käse oder Gemüse auch in Deutschland immer beliebter. ***Tipp:*** An der Bar wird fast jeder Cocktailwunsch erfüllt.

www.guarida-koblenz.de

GUARIDA TAPAS BAR

An der Liebfrauenkirche 19
56068 Koblenz
0261/91469800
Sommer:
tgl. ab 11.30 Uhr,
Winter:
Mo.–Fr. ab 17 Uhr,
Sa., So. ab 11.30 Uhr

37 Restaurant Poseidon

Ein Besuch beim Griechen erinnert an den letzten Sommerurlaub, so ist es auch beim Poseidon. Hier gibt es Portionen, die auch gestandene Männer satt machen: Die Bedienung ist zuvorkommend und freundlich. ***Tipp:*** Die leckeren Grillteller oder das Moussaka probieren.

www.poseidon-koblenz.de

38 Rüüan Thai

Wer es exotisch liebt, sollte diesen Thailänder ausprobieren. Menschen, die auf Schärfe empfindlich reagieren, suchen am besten milde Gerichte auf der Speisekarte aus. ***Tipp:*** Unbedingt ein Curry bestellen.

www.rueanthai.de.vu

39 Sushibar ICHIBAN

Sushi kannte bis vor Jahren kaum jemand in Deutschland, mittlerweile hat es sich zum Trendessen gemausert. Kein Wunder, denn die japanischen Häppchen aus frischem Fisch und duftendem Reis sind lecker und sehen auch noch toll aus. ***Tipp:*** Frittierte Garnelenspieße.

www.sushibar-ichiban.de

RESTAURANT POSEIDON

Rheinstr. 23
56068 Koblenz
0261/34935
tgl. 11–14.30 Uhr, 17.30–23.30 Uhr

RÜÜAN THAI

Florinspfaffengasse 7
56068 Koblenz
0261/37710
Di.–Sa. von 18–24 Uhr, So., feiertags 17.30–22.30 Uhr, Mo. Ruhetag

SUSHIBAR ICHIBAN IM SCHÄNGEL CENTER

Clemensstr. 26-30
56068 Koblenz
0261/92179889
Mo.–Sa. 12–22 Uhr, So. und feiertags 15–22 Uhr

TAJ MAHAL

Münzplatz 2
56068 Koblenz
0261/38243
Mo. 18–23.30 Uhr,
Di.–Sa.
11.30–14.30 Uhr,
17.30–23.30 Uhr,
So. 11.30–15 Uhr,
17.30–23.30 Uhr

40 Taj Mahal

Das Taj Mahal wird von Fans des indisch-pakistanischen Essens empfohlen. Beliebt sind vor allem Tandoori Spezialitäten, die in einem Holzkohleofen zubereitet werden. ***Tipp:*** Den gewünschten Schärfegrad bei der Bestellung unbedingt mit angeben.

www.tajmahal-tandoori.de

TAQUITOS

Münzplatz 6
56068 Koblenz
0261/9734694
tgl. ab 17 Uhr

41 Taquitos

Leckere Tapas, Enchiladas (gefüllte Weizentortilla), Quesadillas (gegrillte Weizentortilla), Fajitas (Tortillas zum selbst füllen und rollen) oder Tacos (Maistortilla) - beim Mexikaner Taquitos fällt die Wahl schwer. Auch Vegetarier kommen auf ihre Kosten.

Tipp: In der Happy Hour zwischen 17-20 Uhr gibt es Cocktails zum halben Preis.

www.taquitos.de

EIS & HEISS

42 Eiscafé Brustolon

Das Brustolon ist das traditionsreichste Eiscafé in Koblenz, Großvater Vincenzo Brustolon eröffnete 1934 die erste Eisdiele der Stadt am Jesuitenplatz. Heute gibt es mehrere Filialen, eine auch in Bahnhofsnähe. ***Tipp:*** Das Vanilleeis nach Familienrezept – nirgendwo besser!

www.eiscafe-brustolon.de

EISCAFÉ BRUSTOLON

Firmungstr. 34
(Jesuitenplatz)
56068 Koblenz
0261/35517
ca. März–Okt.

43 Eiscafé Dolce Vita

Sehen und gesehen werden, das kann man hier, in der Nähe der Herz-Jesu-Kirche, besonders gut bei einem Espresso oder Bananensplit. Eisgenuss mitten im prallen City-Leben. ***Tipp:*** Vom Spaghetti-Eis kann man nicht genug haben.

EISCAFÉ DOLCE VITA

Löhrrondell 5
56068 Koblenz
0261/1334260
Das ganze Jahr
tgl. 8.30–21 Uhr

44 Eiscafé e Gel o Sia

„e Gel o Sia" gilt als heißer Tipp für kühles Eis. Im gelb gestylten Eiscafé in der Altstadt gibt es superleckere Eissorten, die nicht als Kugeln verkauft, sondern mit einem Spatel in die Becher gedrückt werden. Wer will, kann Eis „to go" in speziellen Kisten mit nach Hause nehmen. ***Tipp:*** Eis auf den Stufen der nahen Liebfrauenkirche genießen – und an Dolce Vita denken ...

EISCAFÉ E GEL O SIA

Braugasse 6
56068 Koblenz
0261/1334263
ca. März–Okt.,
auch bis spätabends.

45 aran Café

ARAN CAFÉ UND HOTEL

Jesuitenplatz 1–3
0261/201640
Mo.–Sa. 9–20 Uhr, So. 10–19 Uhr

Die Kaffeehauskette aran setzt auf Anspruch und Ambiente. An einem der schönsten Plätze von Koblenz gibt es ausgesuchte Kaffee- und Teesorten, hausgemachte Kuchen und Eis. Und Deftiges für den kleinen Hunger. ***Tipp:*** Knuspriges Sauerteigbrot aus dem Holzofen mit leckerem Aufstriche.

www.aranhotel-koblenz.de

46 Café Baumann

CAFÉ BAUMANN

Löhrstr. 93 · 56068 Koblenz · 0261/31433
Mo.–Fr. 7.30–18.30 Uhr, Sa. 7.30–18 Uhr, So. 10–18 Uhr

Das Café gilt als beste Konditorei der Stadt. Torten, Petits Fours, Gebäck, Blechkuchen und von Hand gefertigte Pralinen lachen einen geradezu an. ***Tipp:*** Kaiserin-Augusta-Trüffel mit Riesling & Sekt.

www.cafebaumann.de

47 Café Einstein

CAFE EINSTEIN

Firmungstraße 30
56068 Koblenz
0261/9144999
Mo.–Do. 8–2 Uhr, Fr., Sa. u. vor Feiertagen 8–3 Uhr, So. & feiertags 10–2 Uhr

Das Einstein ist Restaurant, Bar und Café in einem – und ein beliebter Treffpunkt: Wer in Koblenz gern gesehen wird, trinkt hier in der Altstadt seinen Espresso. Events, wie Fastnachtsveranstaltungen, locken regelmäßig Besucher in Scharen an. ***Tipp:*** Fischplatte Einstein.

www.einstein-koblenz.de

48 Café Miljöö

CAFÉ MILJÖÖ

Gemüsegasse 8
56068 Koblenz
0261/14237
So.–Do. 9–1 Uhr, Fr. 9–2 Uhr, Sa. 8–2 Uhr

Dieses Café in der Koblenzer Altstadt ist klein, aber fein. Wenn man im Sommer einen der begehrten Außentische erwischt, kommt Italien-Feeling auf. Frühstück gibt es bis 17 Uhr. ***Tipp:*** Ein Fahrrad bei der Leihstation gegenüber besteigen und nach dem Frühstück durch Koblenz radeln!

www.cafe-miljoeoe.de

49 Café Palais und Fellinis am Görresplatz

Im Palais gibt es leckeres Frühstück, mittags Zwischenmahlzeiten, abends kann man geschmackvoll essen oder es sich mit einem Cocktail in der Lounge gemütlich machen ..., bevor die Party durch die Nacht startet. ***Tipp:*** Ofenkartoffel mit Garnelenspieß und Kräuter-Knoblauchschmand.

www.palais-koblenz.de

Das Café-Restaurant Fellinis ist Treffpunkt für Jung und Alt. Drinnen wie draußen sitzt man gemütlich bei Pizza und Pasta oder einen Drink. ***Tipp:*** Kinder können auf dem verkehrsfreien Platz spielen, während die Eltern einen Kaffee in der Sonne genießen.

www.fellinis-world.de

50 Café Bistro Pfefferminzje

Café Bistro Pfefferminzje.

Hier schmeckt es, es ist urig, im Sommer ist der Innenhof ein Erlebnis, die Bedienung ist freundlich, und Kinder sind willkommen. Kurzum: Hier sollte man vorbeischauen. ***Tipp:*** Jeden Dienstag ist Raclette-Abend.

www.pfefferminzje.de

51 Kaffeewirtschaft

Die Kaffeewirtschaft ist die rheinische Antwort auf die Wiener Kaffeehauskultur, eine Symbiose aus rheinischer Lebensart und Kaffeehaus, sagen die Betreiber David und Violetta Richard. Neben Kaffee, Tee und Tageszeitungen gibt es auch Musik. ***Tipp:*** Karten für ein Jazz-Konzert sichern.

www.kaffeewirtschaft.de

CAFÉ PALAIS

Firmungstr. 2
56068 Koblenz
0261/1005833
Mo.–Fr. 8–22 Uhr

FELLINIS

Josef-Görres-Platz 2
56068 Koblenz
tgl. 10–0 Uhr

CAFÉ BISTRO PFEFFERMINZJE

Mehlgasse 12
56068 Koblenz
0261/2017777
tgl. 9–23 Uhr

KAFFEEWIRTSCHAFT

Münzplatz 14/Paradies 1
56068 Koblenz
0261/9144702
Mo.–Do. 9–24 Uhr,
Fr. u. Sa. 9–2 Uhr,
So. & feiertags 10–24 Uhr

MEISTERWERKE DER REGION

 Sehenswert: Die sechstürmige Klosterkirche Maria Laach.

MEISTERWERKE DER REGION

Sie sind aufregend, geschichtsträchtig, sie sind schön, sie sind geheimnisvoll, beeindruckend und sagenhaft: 13 einzigartige Meisterwerke aus Kunst, Kultur und Natur locken zu erlebnisreichen wie unvergesslichen Ausflügen in die Region.

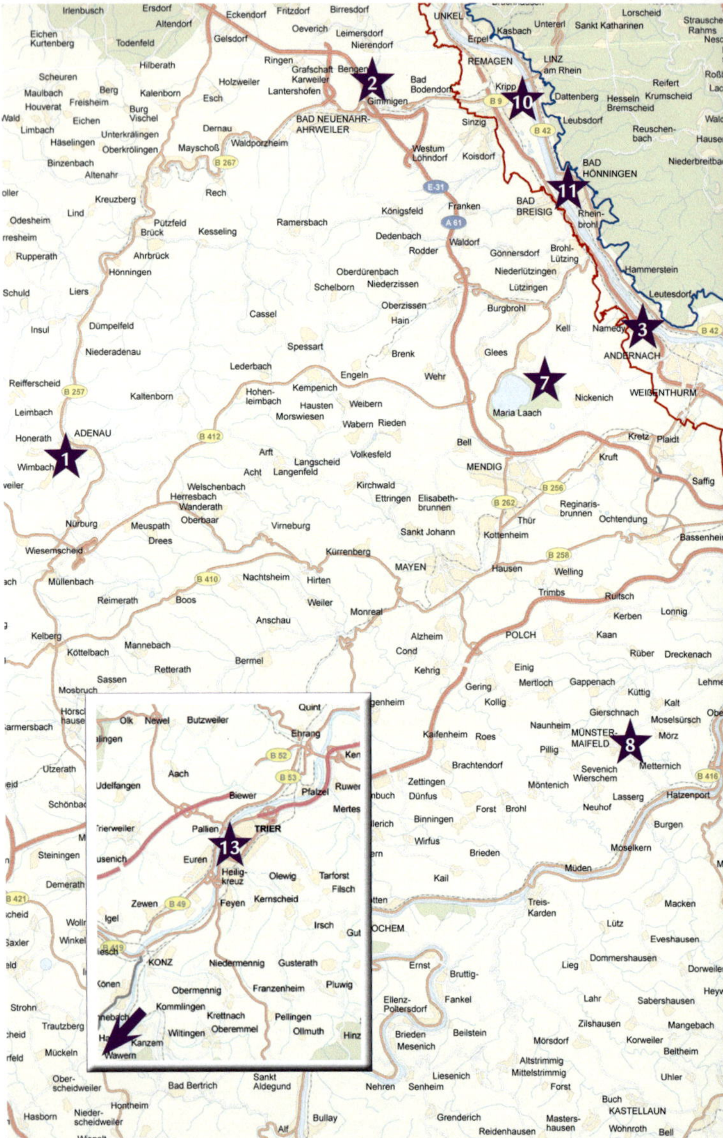
Irlenbusch
Ersdorf
Altendorf
Eckendorf
Fritzdorf
Birresdorf
UNKEL
Lorscheid
Strauscheid
Rahms
Eichen
Kurtenberg
Todenfeld
Gelsdorf
Oeverich
Leimersdorf
Nierendorf
Kasbach
Untererl
Sankt Katharinen
Erpel
Hilberath
Ringen
Grafschaft
Bengen
REMAGEN
LINZ
am Rhein
Scheuren
Holzweiler
Karweiler
Bad
Bodendorf
Reifert
Maulbach
Berg
Kalenborn
Esch
Lantershofen
Kripp
Dattenberg
Hesseln
Bremscheid
Krumscheid
Houverat
Freisheim
Burg
Vischel
Gimmigen
B 9
Limbach
Eichen
Dernau
BAD NEUENAHR-
AHRWEILER
Sinzig
B 42
Leubsdorf
Reuschen-
bach
Hausen
Häselingen
Unterkrälingen
Oberkrälingen
Mayschoß
Waldporzheim
Westum
Löhndorf
Koisdorf
BAD
HÖNNINGEN
Niederbreitbach
Binzenbach
Altenahr
B 267
E 31
Kreuzberg
Rech
BAD
BREISIG
Franken
Rhein-
brohl
Odesheim
Lind
Pützfeld
Brück
Kesseling
Ramersbach
Königsfeld
A 61
Rupperath
Ahrbrück
Dedenbach
Rodder
Waldorf
Gönnersdorf
Brohl-
Lützing
Hönningen
Oberdürenbach
Niederlützingen
Hammerstein
Schuld
Liers
Schelborn
Niederzissen
Lützingen
Leutesdorf
Cassel
Oberzissen
Hain
Burgbrohl
Insul
Dümpelfeld
Kell
Namedy
B 42
Niederadenau
Spessart
Brenk
Glees
ANDERNACH
Lederbach
Engeln
Wehr
Reifferscheid
B 257
Kaltenborn
Hohen-
leimbach
Kempenich
Weibern
Nickenich
WEIßENTHURM
Leimbach
Hausten
Morswiesen
Maria Laach
Wabern
Rieden
Honerath
ADENAU
B 412
Bell
Kretz
Plaidt
Arft
Langscheid
Volkesfeld
Kruft
Wimbach
Acht
Langenfeld
MENDIG
Saffig
Welschenbach
Kirchwald
B 256
Herresbach
Ettringen
Elisabeth-
brunnen
B 262
Reginaris-
brunnen
Wanderath
Oberbaar
Thür
Ochtendung
Nürburg
Meuspath
Virneburg
Sankt Johann
Kottenheim
Drees
Bassenheim
Wiesemscheid
Kürrenberg
B 258
MAYEN
Hausen
Welling
Müllenbach
B 410
Nachtsheim
Hirten
Trimbs
Reimerath
Boos
Weiler
Monreal
Rüitsch
Kerben
Lonnig
Anschau
Alzheim
POLCH
Kaan
Kelberg
Köttelbach
Mannebach
Cond
Rüber
Dreckenach
Bermel
Kehrig
Einig
Sassen
Retterath
Mertloch
Gappenach
Mosbruch
Gering
Küttig
Lehmer
Kollig
Kalt
Gierschnach
Moselsürsch
Naunheim
MÜNSTER-
MAIFELD
Mörz
Kaifenheim
Roes
Pillig
Metternich
Brachtendorf
Sevenich
Wierschem
Utzerath
Zettingen
Mörtenich
B 416
Düngfus
Lasserg
Hatzenport
Forst
Brohl
Neuhof
Binningen
Burgen
Wirfus
Brieden
Moselkern
Kail
Müden
Treis-
Karden
Macken
Lütz
Eveshausen
Ernst
Lieg
Dommershausen
Dorweiler
Bruttig-
Ellenz-
Poltersdorf
Fankel
Lahr
Sabershausen
Zilshausen
Mangebach
Brieden
Beilstein
Mörsdorf
Korweiler
Mesenich
Beltheim
Altstrimmig
Mittelstrimmig
Liesenich
Uhler
Nehren
Senheim
Forst
Buch
KASTELLAUN
Grenderich
Masters-
hausen
Wohnroth
Bell
Reidenhausen
Steiningen
Demerath
B 421
Strohn
Trautzberg
Mückeln
Ober-
scheidweiler
Bad Bertrich
Sankt
Aldegund
Hontheim
Hasborn
Nieder-
scheidweiler
Bullay
Alf
Wispelt
Krinkhof
Quint
Olk
Newel
Butzweiler
Ehrang
B 52
Aach
B 53
Pfalzel
Biewer
Mertes
Pallien
TRIER
Euren
Heilig-
kreuz
Olewig
Tarforst
Filsch
Zewen
B 49
Feyen
Kernscheid
Igel
Irsch
KONZ
Niedermennig
Gusterath
Obermennig
Franzenheim
Pluwig
Kommlingen
Krettnach
Pellingen
Wiltingen
Oberemmel
Ollmuth
Kanzem
Wawern
1
2
3
7
8
10
11
13

13 MEISTERWERKE DER REGION

- ★ 1 *Nürburgring*
- ★ 2 *Dokumentationsstätte Regierungsbunker*
- ★ 3 *Kaltwassergeysir*
- ★ 4 *Kulturpark Sayn*
- ★ 5 *Marksburg*
- ★ 6 *Burg Pfalzgrafenstein*
- ★ 7 *Maria Laach*
- ★ 8 *Burg Eltz*
- ★ 9 *Schloss Engers*
- ★ 10 *Arp Museum Bahnhof Rolandseck*
- ★ 11 *RömerWelt am Caput Limitis*
- ★ 12 *Loreley*
- ★ 13 *Römerbauten*
- *Rheinsteig* (blue line)
- *RheinBurgenweg* (red line)
- *Traumpfade* (orange line)

★1 ADENAU: NÜRBURGRING

Ritt durch die grüne Hölle

Berühmt-berüchtigt: die Nordschleife.

AUSKUNFT

Nürburgring Automotive GmbH
Nürburgring Boulevard 1
53520 Nürburg
Hotline 02691/302-630
www.nuerburgring.de

Öffnungszeiten:
ringwerk hat tgl. geöffnet:
Mo.–Fr. 12–17 Uhr;
Sa., So., FT 10–18 Uhr
(Hl. Abend geschlossen)

Anfahrt:
· A 48 Koblenz/Trier bis Ausfahrt Ulmen;
· A 61 Köln/Koblenz bis Ausfahrt Wehr;
· A 1 Köln/Aachen und Verlängerung bis Ahrhütte und über B 258 weiter Richtung Nürburg

Einkehren:
Restaurant Boxenstopp in der Nürburgring Erlebniswelt ringwerk

Rennsportlegende Jackie Stewart hatte stets einen Höllenrespekt vor dem Nürburgring, vor dessen engen Kurven, Steigungen und Hügeln. Daher nannte er die damals noch von Hecken gesäumte Rennstrecke in der Eifel „grüne Hölle". Stewart brachte damit auf den Punkt, was Generationen von Rennfahrern und Motorsportfans seither mit dem Nürburgring in Verbindung bringen. Nicht zuletzt auch mit Blick auf die lange Liste prominenter Piloten, die im Laufe der Jahrzehnte ihre Fahrt über den Ring mit dem Leben bezahlen mussten. Tatsächlich galt der 1927 eingeweihte Nürburgring lange Zeit als eine der schwierigsten und gefährlichsten Rennstrecken der Welt. Erst in jüngerer Zeit konnte er „entschärft" werden. Der große Formel-1-Zirkus gastiert alle zwei Jahre in der Eifel. Dazwischen sind es DTM-, Motorrad-, Truck- und Oldtimer-Rennen, die PS-Begeisterte aus aller Welt an den Ring ziehen. Und natürlich all jene, die einmal im Leben mit ihren eigenen Wagen über die 22,8 Kilometer der legendären Nordschleife steuern wollen. Das darf man abends und an Sonntagen – gegen Gebühr.

Mein Lieblingsplatz

HANS-JOACHIM STUCK

Viele kennen den bekannten Rennfahrer nur unter seinem Spitznamen „Striezel“, der auf die Ähnlichkeiten des Babys Hans-Joachim mit einem Hefezopf zurückgehen soll.

Für die Familie Stuck ist der Nürburgring Schauplatz großer Rennsiege – mittlerweile für drei Generationen. Hans Stuck sen. feierte seinen größten Erfolg 1934 als Grand-Prix-Sieger auf dem legendären Auto Union Rennwagen. Ich erzielte unter anderem drei Gesamtsiege beim 24h-Rennen. Johannes Stuck feierte zusammen mit Vater Hans-Joachim Siege bei der VLN-Langstreckenmeisterschaft. Der jüngste Spross Ferdinand sammelt gerade Nordschleifen-Erfahrung und ist als offizielles Porsche-Talent im Cup Carrera auf dem Nürburgring unterwegs. Mein Lieblingsplatz ist die Klostertalkurve am Fuße der berühmten Steilstrecke. Dort sitze ich manchmal am Streckenpostenhäuschen und genieße die schöne Landschaft der Eifel.

Abseits der Piste ist am Nürburgring in den letzten Jahren eine Erlebnis- und Aktionswelt entstanden, die sich gezielt an die ganze Familie und „normale“ Touristen richtet. Herzstück des Freizeitparks ist das sogenannte ringwerk. Hier steht die schnellste Achterbahn der Welt (die bei Redaktionsschluss noch auf „grünes Licht“ wartete). Großen Spaß verspricht das 4D-Kino, in dessen Sitzen man eine rasante Fahrt über die Nordschleife erlebt. Nicht nur für Liebhaber: Die Motorsportausstellung, in der man Oldtimern und modernen Rennwagen ganz nahe kommt. Unmittelbaren Formel-1-Kontakt gibt es auch in einer Boxengasse, in der man als Teil eines Fahrer-Teams Reifenwechsel und Volltanken in Spitzengeschwindigkeit übt. Nachwuchs-Schumis dürfen ihre Fahrkünste auf der Kart-Bahn ausprobieren – für Kinder gibt es eine „verkehrsberuhigte“ Variante. Keinen Helm braucht man unterdessen an der Computerspiel-Station, an der man sich dennoch wie im Cockpit eines Rennwagens fühlt und durch die „grüne Hölle“ brettern kann.

Das ringwerk.

EUROPA NOSTRA
EUROPÄISCHER KULTURPREIS „EUROPA NOSTRA 2009"

DOKUMENTATIONSSTÄTTE REGIERUNGSBUNKER
BAD NEUENAHR-AHRWEILER

Dokumentationsstätte Regierungsbunker

53474 Bad Neuenahr-Ahrweiler
Am Silberberg
Tel. 02641/9117053

Geöffnet von Ende März bis Mitte November

Betreiber: Heimatverein „Alt-Ahrweiler" e.V.
1.Vorsitzender: Dr. Wilbert Herschbach

25 Tonnen schweres Rolltor.

Schutz im Falle eines Atomangriffs.

AUSKUNFT

Dokumentationsstätte Regierungsbunker
Am Silberberg 0
53474 Bad Neuenahr-Ahrweiler
Tel: 02641/9117053
www.bunkermuseum-ahrweiler.de

Öffnungszeiten:
Mi., Sa., So. und an Feiertagen von 10–17 Uhr (letzte Führung 16.15 Uhr)

Anfahrt:
· Aus Köln/Bonn/Koblenz A 61 bis Abfahrt Bad Neuenahr-Ahrweiler; weiter A 573 Richtung Bad Neuenahr bis Abfahrt Ahrweiler; weiter B 267 Beschilderung „Römervilla“ folgen
· Parkplätze vorhanden, von dort sind es ca. 800 Meter Fußweg

Einkehr:
Prümer Gang, Niederhutstr. 58, 53474 Bad Neuenahr-Ahrweiler
Tel: 02641/4757
www. pruemergang.de

★ 2 AHRWEILER: REGIERUNGSBUNKER

Zeitreise in den Kalten Krieg

Er gilt als eines der bestgehüteten Staatsgeheimnisse der deutschen Nachkriegsgeschichte: der Regierungsbunker im Ahrtal bei Bonn, Deckname Rosengarten. Im Falle eines Krieges hätte die Bundesrepublik von hier aus regiert werden sollen.

Unauffällig, unterhalb eines Weinberges liegt der Eingang zum ehemaligen Regierungsbunker. Abweisend, fast düster wirkt er und macht wenig Lust auf einen Besuch. Genau das wollten seine Erbauer auch erreichen. Niemand sollte erahnen, welches spektakuläre Bauwerk sich hier verbarg: Eine autarke Welt, ein gigantischer Superbunker, mehr als 100 Meter unter der Erde, mit 19 Kilometer langen, verzweigten Tunnelröhren auf mehreren Ebenen. Etwa 3000 Menschen, Präsident, Kanzler, Minister, die gesamte politische Elite, wären hier ab 1972 bei einem Angriff mit ABC-Waffen vorläufig sicher gewesen und hätten vielleicht dreißig Tage lang überleben können. Rund 1000 Büro- und Schlafräume gab es hier, Küchen, Lagerräume,

Erinnert an ein Raumschiff: das Kontrollzentrum.

Mein Lieblingsplatz

HEIKE HOLLUNDER

Die Kunsthistorikerin leitet seit 2008 das Museum

Mein Lieblingsplatz im Regierungsbunker ist der Eingangsbereich mit den beiden riesigen, 25 Tonnen schweren Rolltoren. Die Rolltore sollten einem Atomangriff standhalten und innerhalb weniger Sekunden das Bauwerk des Kalten Krieges hermetisch abschließen, um das Leben von 3000 Menschen im Inneren des Bunkers zu schützen. Die Tore hätten einen hohen Druck und eine Hitzestrahlung von mehreren Tausend Grad Celsius aushalten müssen, die bei einer Atomexplosion für kurze Dauer entstanden wären. Wenn heute im Museumsbetrieb das Tor „zugefahren“ wird, versuchen wir den Besuchern das Gefühl zu vermitteln, wie es gewesen wäre, mehrere Wochen hinter diesen Toren ohne Tageslicht vom Rest der Welt abgeschlossen zu sein.

eine eigene Energie- und Wasserversorgung, Friseursalons, eine Zahnarztpraxis – und einen Plenarsaal. Nach der Wiedervereinigung und dem Umzug der Regierung nach Berlin wurde der Bunker aufgegeben. Einer der Tunnels dient heute als Museum. Sein Innenleben wurde restauriert. Vom Kontrollzentrum aus, das ein wenig an „Raumschiff Enterprise“ erinnert, hätte im Ernstfall die Verteidigung des Landes organisiert werden sollen. In einem anderen Raum steht das Kanzlerbett, und nur das Badezimmer des Bundespräsidenten hatte eine Wanne. In Kontrast zur nüchternen Bunkeratmosphäre steht die farbenfrohe 70er-Jahre Einrichtung: orangerote Lampen, himbeerfarbene Sessel, grüne Wände. Vor einem Eisengitter endet der Museumsbesuch. Dahinter erstrecken sich schier endlose Betonröhren, und man bekommt eine Ahnung von den gewaltigen Ausmaßen dieser heute grotesk anmutenden Anlage.

★ 3 ANDERNACH: KALTWASSERGEYSIR

Sprudel aus dem Inneren der Erde

AUSKUNFT

Geysir.info/
Geysir-Erlebniszentrum
Konrad-Andenauer-Allee 40
56626 Andernach
Tel: 02632/9580080
www.geysir-andernach.de
www.andernach.net

Die Expedition besteht aus:
· Besuch Erlebniszentrum
· Schifffahrt
· Geysir-Sprung
Der Besuch startet immer im Erlebniszentrum.
Dauer: rund 2 ½ Std.

Öffnungzeiten:
Mai–Sep.: Mo.–Fr.: 9–18 Uhr und Sa.: 9.30–14 Uhr
Okt.–April: Mo.–Fr. 9–17 Uhr und Sa. 9.30–14 Uhr

Anfahrt:
· Aus Köln/Bonn/Koblenz A 61;
· jeweils bis Ausfahrt Kruft/Neuwied/Weißenthurm/Andernach; weiter B 256 Richtung Andernach; über Koblenzer Straße Richtung Stadtmitte; dann rechts auf Konrad-Adenauer-Allee; folgen Sie der Beschilderung Geysir-Erlebniszentrum.

Einkehr:
Weinhaus Merowingerhof
Hochstraße 30
56626 Andernach
Tel: 02632/44848
www.merowingerhof.de
Mo. Ruhetag

Unter einer Rheininsel bei Andernach schlummert der größte Kaltwassergeysir der Welt, erreichbar nur per Schiff. Verantwortlich für diese einzigartige Laune der Natur sind unterirdische Risse in der Osteifel – und jede Menge Kohlensäure.

Wie in Zeitlupe wächst die Wassersäule des ausbrechenden Geysirs senkrecht in die Höhe. Zischend steigt der dicke Strahl bis zu 50 Meter hoch in den Himmel. Man sagt dazu auch „der Geysir springt!“. Ein Nebel zerstäubten Wassers zieht über die Köpfe der Besucher hinweg. Es schmeckt leicht salzig und ein bisschen nach Seife. Anders als die heißen Fontänen amerikanischer Nationalparks bleibt der Andernacher Geysir aber kalt. Seine treibenden Kräfte sind der Druck des Grundwassers und große Mengen Kohlendioxid, auch Kohlensäure genannt, das sich darin gelöst hat. Im Prinzip funktioniert der Geysir ähnlich wie eine Sprudelflasche, die man erst ordentlich schüttelt und dann öffnet.

Der Geysir springt.

Herzlich willkommen in

MARIA LAACH

Nur 2 km von der A61, Köln/Bonn-Koblenz liegt das größte der Eifel-Maare, der Laacher See mit der über 900jährigen Benediktinerabtei Maria Laach.

Heute beherbergt die Abtei noch 52 Benediktinermönche, die nach der Benediktinerregel, dem *„ora et labora“*, leben.

Nicht nur die Abteikirche lädt zur Besichtigung ein. Sehenswert sind auch die Wirtschaftsbetriebe. Zu der Abtei gehören eine große Gärtnerei, eine Buchhandlung, ein Kunst-Verlag, ein Bootsverleih, Fischfang und Obstbau, landwirtschaftliche Betriebe (Biobauernhof mit angeschlossenem Bioladen), das Laacher Zentrum für Naturkunde und Mikroskopie sowie verschiedene Handwerksbetriebe (Kunstschmiede, Glockengießerei, Bildhauerei, Keramikwerkstatt und Schreinerei).

Bei einem Spaziergang um den Laacher See oder einer Bootsfahrt auf dem See kann man die herrliche Natur erkunden. Für das leibliche Wohl stehen verschiedene Einkehrmöglichkeiten zur Verfügung. Übernachten können Gäste im angeschlossenen „Seehotel Maria Laach“.

In der Informationshalle (gegenüber der Buchhandlung) erhalten Besucher Einblicke in das Leben des Klosters in einem 20minütigen Film, auch in mehreren Sprachen. Weiterhin befindet sich dort ein kleines „Klostermuseum“ mit wechselnden Austellungen zum Thema „Rund um Maria Laach“. Ein Mönch steht Ihnen während der Öffnungszeiten für Fragen zu Verfügung.

Entdecken und Erleben Sie Maria Laach - **Wir freuen uns auf Ihren Besuch.**

BENEDIKTINERABTEI
MARIA LAACH

D-56653 Maria Laach
Telefon 0 26 52-59-350
abtei@maria-laach.de
www.maria-laach.de

Mein Lieblingsplatz

PROF. ULRICH SCHREIBER

Der Geologe ist gerne und auch zu Forschungszwecken am und um den Kaltwassergeysir unterwegs. In seinem Thriller „Die Flucht der Ameisen" beschreibt er einen fiktiven Vulkanausbruch am Rhein mit fatalen Folgen ...

Das Mittelrheintal, für sich allein schon faszinierend, entstand durch eine Verkettung geologischer und klimatischer Besonderheiten. Die Hebung des Gebirges durch urgewaltige Prozesse in der Tiefe, die den Vulkanismus brachten, – die gleichzeitige Erosion durch den Rhein, nur kurz unterbrochen durch die Eiszeiten, – das Drängen der vulkanischen Aktivität von Westen her Richtung Rhein, die Überflutung und Sperrung des Wasserlaufs durch gewaltige Eruptionen. Bei Namedy, dieser Engstelle am Mittelrhein, ist sie zu ahnen, die Dynamik, die Kraft im Untergrund. Unvorstellbar die Dramatik, wenn das Ungeheure tatsächlich erneut geschähe, die Vulkane wieder Feuer spuckten! Dieser Gedanke war es Wert, in einem Roman zu Ende gedacht zu werden: Braut sich unter unseren Füßen bereits etwas zusammen?

Nach dem Ausbruch fällt die Fontäne schließlich wieder blubbernd in sich zusammen, der Brunnen unter dem 350 Meter tiefen Bohrloch füllt sich erneut mit kaltem Grundwasser, und alles beginnt von vorne. Etwa alle anderthalb Stunden ist es so weit, und wahrscheinlich geht das noch viele tausend Jahre lang so weiter. Der Geysir ist ein großer geologischer Zufall – so etwas gibt es weltweit nur noch in den USA und der Slowakei, aber dort sind die Kaltwassergeysire nicht so groß.

Genaue Informationen über das Naturschauspiel gibt es im hochmodernen Geysir-Erlebniszentrum direkt am Andernacher Rheinufer. So fährt man dort etwa mit einem „Aufzug" ins Innere der Erde, durch die unterschiedlichen Gesteinsschichten – und lernt dabei verstehen, wie Druck und Temperatur einen Kaltwassergeysir „springen" lassen. Damit der Besucher auch weiß, wo genau er sich befindet, widmet sich ein Teil der Ausstellung dem Vulkanpark Eifel.

Naturgesetze spielend verstehen – im Erlebniszentrum.

Unterwegs auf
neuen Pfaden
SCHÖNERES WANDERN
Karten & GPS
Traumpfade
Band 2
Neue Premium-Wege an
Rhein, Mosel und in der Eifel
TRAUMPFADE
Ulrike Poller
Wolfgang Todt
SCHÖNERES WANDERN
Karten & GPS
Der neue
RheinBurgenWeg
mit Rheinsteig-Rundtouren
13 TAGESETAPPEN
14 KOMBITOUREN
2 KLETTERSTEIGE
Ulrike Poller &
Wolfgang Todt
200 Kilometer Wanderspaß von Rolandseck bis Bingen
www.ideemediashop.de

★ 4 BENDORF: KULTURPARK SAYN

Große Vielfalt auf kleinem Raum

AUSKUNFT

Garten der Schmetterlinge Schloss Sayn
Im Fürstlichen Schlosspark
56170 Bendorf-Sayn
Tel: 02622/15478
www.sayn.de

Touristinformation im Schloss Sayn
Abteistraße 1
56170 Bendorf-Sayn
Tel: 02622/902913
www.bendorf.de

Kletterwald Sayn
Im Brexbachtal
56170 Bendorf-Sayn
Tel: 02622/9869260
www.kletterwald-sayn.de

Anfahrt:
· Aus Koblenz A 48 Richtung Frankfurt;
· andere Richtung Ausfahrt Bendorf/Neuwied und weiter B 42 Richtung Neuwied; Abfahrt Bendorf-Sayn auf B 413; ab hier sind Sayn und der Garten der Schmetterlinge gut ausgeschildert.

Einkehr
· Schlossrestaurant SaynerZeit
Schloss-Str. 100
56170 Bendorf-Sayn
Tel: 02622/889683
www.saynerzeit.de
Di.–So. 11–18 Uhr
· Restaurant DIESAYN BURG
Burg Sayn
56170 Bendorf-Sayn
Tel: 02622/7266
www.diesaynburg.de
Öffnungszeiten auf Anfrage

Flatternde Schönheiten, ein neugotisches Märchenschloss samt Schlosspark, eine trutzige Burg, ein Museum mit filigranen Arbeiten, die romanische Abtei Sayn, dazu traumhafte Wanderwege in idyllischer Landschaft und Abenteuer in Baumwipfeln.

Der Kulturpark Sayn ist ein Gesamtkunstwerk! Inmitten ihres Schlossparks in Sayn hat Fürstin Gabriela zu Sayn-Wittgenstein-Sayn ein tropisches Paradies geschaffen, den Garten der Schmetterlinge. Unzählige farbenprächtige Falter aus Afrika, Asien und Südamerika flattern frei zwischen den Besuchern umher. Am besten, man setzt sich auf eine Bank und genießt das bunte Treiben zwischen exotischen Bananenstauden, Passionsblumen und duftendem Hibiskus. Der Besuch des Gartens der Schmetterlinge entführt in eine uns fremde, zauberhafte Welt.

Nicht verpassen sollte man auch das neugotische Schloss der Fürsten zu Sayn-Wittgenstein-Sayn, samt traumhaftem Park mit alten Bäumen, Teichen und Bächen. Im Eisenkunstguss-Museum sind einzigartige Werke der berühmten Eisengießerei der Sayner Hütte ausgestellt, beispielsweise Hals- und Armschmuck, durchbrochene Teller

Schloss und Burg Sayn.

oder auch technische Geräte. Die Sayner Hütte selbst gilt als bedeutendes Industriedenkmal und lohnt auf jeden Fall einen Besuch. Ein kurzer Spaziergang durch den Ort führt zur liebevoll restaurierten Heins Mühle. Nicht weit davon entfernt befindet sich die Abtei Sayn mit ihrem farbenprächtigen Kreuzgang.

Gleich dahinter, im Brexbachtal, kommen sportliche Abenteurer auf ihre Kosten, und zwar zwischen den Bäumen. Im Kletterwald Sayn kann jedermann gefahrlos auf die höchsten Bäume klettern – nur Mut muss man mitbringen beim Besteigen der Baumschaukeln und wackelnden Brücken. Über den Rhein- oder den Saynsteig, beides traumhafte Premiumwanderwege, gelangt man zur Burg Sayn. Von dort hat man einen wunderbaren Blick über die Rheinebene bis in die Vulkaneifel.

Ebenfalls einen interessanten Blick, jedoch in die Geschichte der Region, bietet ein rekonstruierter Wachturm am Limes, dem 550 Kilometer langen römischen Grenzwall. Er ist als das längste Bodendenkmal der Welt von der UNESCO als Welterbe anerkannt.

Mein Lieblingsplatz

FÜRSTIN GABRIELA ZU SAYN-WITTGENSTEIN-SAYN

Die Fürstin hat mit dem Schmetterlingsgarten einen Publikumsmagneten geschaffen, aber auch andere Sehenswürdigkeiten liegen ihr am Herzen.

Es ist nicht einfach für mich, im Kulturpark Sayn nur einen Lieblingsplatz zu nennen, weil es hier so viele Orte gibt, die mir ans Herz gewachsen sind. Auf Burg Sayn blicke ich an einem schönen Abend gerne vom Wehrgang in die Täler von Sayn und Brex oder bis hinüber in die Vulkaneifel. Einen der schönsten Plätze von Sayn findet man sicherlich im Schlosspark. Wie viele Fotos habe ich wohl schon über den Weiher hinweg auf das von meinem Mann wieder revitalisierte neugotische Schloss geschossen? Dürfte ich jedoch nur einen Lieblingsplatz nennen, dann ist dies zweifellos mein „Arbeitsplatz“, der Garten der Schmetterlinge. Hier, bei den zerbrechlich anmutenden tropischen Faltern, verbringe ich seit über 20 Jahren viele Stunden und bin immer wieder aufs Neue von dieser Traumlandschaft und den prächtigen Schmetterlingen entzückt.

★ 5 BRAUBACH: MARKSBURG

Idealbild der deutschen Burg

Schon der allererste Blick auf die Marksburg ist dem Betrachter seltsam vertraut. So sieht eine Burg aus! Wie man sie sich in seiner Fantasie ausgemalt hätte, wie man sie aus Geschichten, Filmen und von Bildern her kennt. Ein Grund dafür: Die Marksburg ist von jeher Vorbild für Modell- und Spielzeugburgen in Kinderzimmern auf der ganzen Welt und zierte ehedem die 60-Pfennig-Briefmarke der Deutschen Bundespost. So thront sie da, weithin sichtbar, auf der Spitze eines 160 Meter hohen Schieferkegels über dem Städtchen Braubach am Rhein. Ihre Einmaligkeit erhält sie auch dadurch, dass sie als einzige Burg am Mittelrhein in den all den Jahrhunderten nie zerstörte wurde und so ihr authentischer mittelalterlicher Charakter erhalten blieb. Eben eine echte Ritterburg – und seit 2002 Teil des UNESCO-Welterbes Oberes Mittelrheintal.

AUSKUNFT

Deutsche Burgenvereinigung e.V.
Marksburg
56338 Braubach
Besucherservice
02627/206
www.marksburg.de

Öffnungszeiten:
täglich geöffnet (außer Weihnachten) im Sommer 10–17 Uhr; im Winter 11–16 Uhr

Anfahrt:
Über die B 42, Koblenz Richtung Rüdesheim; Parkplätze an der Burg sind ausgeschildert

Einkehr:
Auf der Burg gibt es eine Burgschänke mit Biergarten auf der Terrasse und Fernblick.

Die mächtige Festung mit ihren Bauten hauptsächlich aus dem 13. und 15. Jahrhundert ragt wie ein Märchenschloss aus den grünen Wipfeln des Waldes heraus. Steile Wehrmauern umschließen die Wohngebäude, Türme und Bastionen. Ein Rundgang führt durch mehrere Burgtore und über eine in den Fels gehauene Reitertreppe bis ins Innerste der Wehranlage, wo eiserne Vorderladerkanonen noch immer auf mögliche Feinde zielen. Mittelalterliche Ritterstimmung entsteht in den typischen Innenräumen, dem finsteren Gewölbekeller mit seinen alten Weinfässern, den engen Wehrgängen, den Turmstuben, dem Rittersaal, der Kemenate des Hausherrn, der Burgküche mit ihrer offenen Feuerstelle, der Schmiede und der Folterkammer. Burgführer machen den Rundgang zu einem Geschichtserlebnis, besonders für Kinder. So lernt man etwa, wie der Alltag der Burgbewohner unsere Sprache bis heute prägt: Wenn ein Angreifer sein Schwert hinter seinem Schild verbarg, so „führte er etwas im Schilde". Und auch „Feuer unter dem Hintern" machte man sich damals schon – mit heißen Steinen in einem Sitzfass.

Die Marksburg ist Vorbild vieler Modell- und Spielzeugburgen.

★ 6 KAUB: BURG PFALZGRAFENSTEIN

Burg im Rhein

Sie ist eine der merkwürdigsten Burgen am Rhein, Burg Pfalzgrafenstein, auch die Pfalz bei Kaub genannt. Sie thront nicht mächtig auf einer Anhöhe über dem Rhein wie fast alle ihre Schwestern, sondern steht mitten im Fluss auf der Felseninsel Falkenau. Mit ihrem sechseckigen Grundriss sieht sie aus wie ein steinernes Schiff. Ihre ungewöhnliche Lage erklärt sich durch einen Blick in die Geschichtsbücher. Hier wurden Rheinzölle eingetrieben. Die 2,60 Meter dicke und zwölf Meter hohe Ringmauer mit zwei Wehrgängen samt Schießscharten und das schaurige Verlies lassen erahnen, dass hier scharfe Geschütze gegen Zollsäumige

AUSKUNFT

Burg Pfalzgrafenstein
56349 Kaub
Tel: 0172/2622800
(Besucherdienst)
www.burgen-rlp.de
www.gdke.de

Öffnungszeiten:
· April–Sep. und Jan.–März 10–13 Uhr und 14–17 Uhr.
· Immer Mo. sowie im Dezember geschlossen.
· Letzter Einlass: eine Stunde vor Schließung.

Anfahrt:
· Rechtsrheinisch über B 42 von Wiesbaden nach Koblenz bis Kaub;
· Linksrheinisch über B 9 von Bingen nach Koblenz;
· Parkplätze zwischen der B 42 und dem Bahndamm;
· etwas 1,5 km nach dem Ortsschild Anlegestelle der Personenfähre zur Insel;
· Übersetzung zur Burg Pfalzgrafenstein mindestens jede halbe Stunde.

Einkehr:
Hotel & Restaurant „Zum Turm“
Zollstraße 50
56349 Kaub
Tel: 06774/92200
www.rhein-hotel-turm.de

Pfalzgrafenstein – ein Muss für alle Rheinromantiker.

aufgefahren wurden. Bemerkenswert ist auch der 36 Meter hohe, fünfeckige Turm der Burg, der aussieht, als sei bei seiner Planung etwas schiefgelaufen. Seine Form erhielt er allerdings mit voller Absicht, denn so konnte er als Wellen- und Eisbrecher dienen. Ihr unverwechselbares Aussehen bekam die Burg durch ihre mit Schiefer gedeckten Türmchen und Arkaden. Die Festung überstand die Jahrhunderte, obwohl sie sich so manches Mal „nasse Füße" im Rheinhochwasser holte. Dafür wurde sie, wie nur wenige Rheinburgen, niemals zerstört.

Heute gilt Burg Pfalzgrafenstein als ein Aushängeschild der Rheinromantik und gehört wohl zu den meistfotografierten Motiven am Rhein. Niemand kann sich sattsehen an der Burg im Wasser. Doch auch aus nächster Nähe ist Pfalzgrafenstein spannend. Bei einer Überfahrt zur Insel sind belegte Brote und eine Kanne Kaffee im Rucksack eine gute Idee, denn bis heute gibt es keinen Strom und kein fließendes Wasser auf der Burg – und daher auch keinen Touristenimbiss. Dafür werden aber auch keine Zölle mehr erhoben.

Mein Lieblingsplatz

THOMAS METZ

Als Direktor der Generaldirektion Kulturelles Erbe in Rheinland-Pfalz ist er dafür verantwortlich, das kulturelle Erbe von RLP zu erforschen, zu sichern und der Öffentlichkeit vorzustellen – vom keltischen Grab bis zur mittelalterlichen Burg.

Die mittelalterliche Zollwache Pfalzgrafenstein gehört zu den meistfotografierten Burgen im Mittelrheintal, und das aus gutem Grund: Nicht nur der französische Schriftsteller Victor Hugo ließ sich 1840 auf seiner Rheinreise von dem „ewig auf dem Rhein schwimmenden steinernen Schiff" in dessen Bann ziehen. Die exponierte Lage der Burg und ihre Einbindung in die Landschaft sind ein ganz besonderes Erlebnis, das jeder unbedingt von der Insel aus erleben sollte.

★7 MARIA LAACH: BENEDIKTINERABTEI

Ora et labora

AUSKUNFT

Benediktinerabtei
Maria Laach
56653 Maria Laach
Tel: 02652/59-0
www.maria-laach.de

Anfahrt:
Über die A 61 Ausfahrt
Mendig/Maria Laach.

Vulkanpark besteht aus:
Römerbergwerk Meurin
Lavadom Mendig
Geysir Andernach

Infozentrum Plaidt
Rauschermühle 6
56637 Plaidt
Tel. 02632/98750
www.vulkanpark.com

Einkehr:
Seehotel Maria Laach
Am Laacher See
56653 Maria Laach
www.maria-laach/seehotel

Das Laacher Münster.

Maria Laach ist ein Ort der Stille. In friedvoller Umgebung liegt die berühmte Benediktinerabtei am Laacher See. Das war nicht immer so! Denn Maria Laach befindet sich in der sogenannten Vulkaneifel, der jüngsten Landschaft Europas. Sie entstand bei einem dramatischen Vulkanausbruch um 10.000 v. Chr. Riesige Mengen Asche und Bims wurde aus dem Erdinneren geschleudert, sie bedeckten das Rheintal bis zu sieben Meter hoch. In der Folge des Vulkanausbruchs entstand auch der Laacher See, die größte mit Wasser gefüllte Caldera Mitteleuropas. Eine Caldera ist ein Einbruchkrater, der beim Einsturz des Vulkankegels entsteht und sich nach und nach mit Wasser füllt. Heute ist, man könnte fast sagen, „Gras über die Sache gewachsen", es entstand im Laufe der Jahrtausende eine wunderbare Landschaft rund um den Laacher See.

Der Laacher See enstand durch einen Vulkanausbruch.

Im Jahr 1093 wurde hier eine Abtei gegründet, eine hochmittelalterliche Klosteranlage. Die sechstürmige Klosterkirche, das Laacher Münster, ist heute eines der am besten erhaltenen romanischen Bauwerke Deutschlands. Besonders erwähnenswert ist der prachtvolle Westeingang, das sogenannte Paradies – nördlich der Alpen einzigartig.

Die Abtei gehört dem Orden der Benediktiner; die Mönche haben sich der Regel „ora et labora" – „bete und arbeite" – ihres Gründers Benedikt von Nursia verschrieben. Zum Besitz gehören überdies ein Biobauernhof mit Bioladen, eine Gärtnerei, Obstanbau, eine Kunstschmiede, Bildhauerei, Glockengießerei, Fischerei und eine Schreinerei sowie ein Verlag und eine Buch- und Kunsthandlung. Neben der Abtei liegt das Seehotel Maria Laach, ein Vier-Sterne-Haus mit ausgezeichneter Gastronomie. Vor dem Essen bietet sich eine romantische Fahrt im Ruder- oder Tretboot auf dem See an. Im Kloster Maria Laach gibt es also ein großes Angebot, aber alles im Einklang mit der Natur nach dem Psalm „Damit in Gott alles verherrlicht werde". Wer hierherkommt, der kann gar nicht anders als zur Ruhe kommen.

Mein Lieblingsplatz

ABT BENEDIKT MÜNTNICH

Der Benediktiner ist seit 2002 Abt des Klosters Maria Laach. Jährlich wird der Ort von rund einer Million Touristen besucht.

Mein Lieblingsplatz in Maria Laach ist die Kirche, dieses herrliche, viele Jahrhunderte alte Bauwerk. Seit der Gründung des Klosters verrichten hier die Mönche das kirchliche Stundengebet, in das sie die Anliegen ihrer Mitmenschen einschließen. In diese lange Reihe der Beter darf ich mich eingliedern. Hierher kommen unzählige Menschen, und wenn sie sich innerlich öffnen, berührt sie die Wirklichkeit Gottes. Etwas Schöneres kann ich mir nicht denken.

★ 8 MÜNSTERMAIFELD: BURG ELTZ

Märchenburg im Wald

Mit Fug und Recht kann man Burg Eltz als eine der schönsten Burgen Deutschlands, ja geradezu als Märchenburg bezeichnen!

AUSKUNFT

Burg Eltz
56294 Münstermaifeld
Tel: 02672/950500
www.burg-eltz.de

Öffnungszeiten
· April–1. Nov.
9.30 Uhr–17.30 Uhr
· Die Räume der Burg können nur im Rahmen einer Führung besichtigt werden, Führungen starten alle 10 Minuten. Es werden auch englische, niederländische und französische Führungen angeboten, daneben gibt es Gruppen- und Kinderführungen (bitte vor dem Besuch informieren bzw. anmelden).
· Die Schatzkammer kann ohne Führung besichtigt werden.

Anfahrt
· A 48 Abfahrt Polch in Richtung Münstermaifeld;
· In Münstermaifeld Richtung Wierschem fahren
· Ab hier der Ausschilderung zum Waldparkplatz der Burg folgen;
Von dort sind es 800 Meter Fußweg bis zur Burg. Es verkehrt auch ein kostenpflichtiger Pendelbus.

Einkehr
Auf der Burg gibt es zwei Selbstbedienungsgaststätten.

Wer sie das erste Mal nach einem kurzen Spaziergang durch den Wald in einem romantischen Seitental der Mosel erspäht, der mag sich in einem Märchen wähnen - und kann sich am ersten Anblick schon nicht sattsehen. Die Burg mit ihren Türmen, Erkern und verwinkelten Räumen, erbaut auf einem 70 Meter hohen Felsen, ist vollständig erhalten und schickt den Besucher unweigerlich auf eine Zeitreise. Man erwartet fast, die Edlen von und zu Eltz würden jeden Augenblick hoch zu Ross durch das Burgtor herausreiten.

Dass die Burg heute zu den besterhaltenen Deutschlands zählt, verdankt sie glücklichen Fügungen. Sie wurde nicht als Festung erbaut, sondern diente als „befestigte“ Wohnanlage und blieb vom Beginn des 12. Jahrhunderts bis heute im Besitz der Gründerfamilie! Dr. Karl Graf von und zu Eltz-Kempenich führt die Burg heute in der 33. Generation. Die Burgherren müssen ein Händchen für Diplomatie gehabt haben, denn in 800 Jahren waren sie nur einmal in kriegerische Auseinandersetzungen verwickelt. Auch geschickte Familienpolitik sorgte für Erhalt und Ausbau. Drei Familienzweige lebten hier gemeinsam, nach ihnen sind die verschiedenen Teile der Burg benannt: Rübenacher, Rodendorfer und Kempenicher Haus. Bei einer Führung durch die wunderbaren Räume fühlt man sich wie in einem „Schöner-Wohnen-Heft“ für das Mittelalter. Jeder Raum hat seinen eigenen Stil, die Details sind überwältigend. Möbel, Bilder, Teppiche, Wandbemalungen, Dekorations- und Gebrauchsgegenstände bilden ein harmonisches Ganzes. Kamine in vielen Zimmern und für die damalige Zeit fortschrittliche sanitäre Anlagen wie Zimmertoiletten zeugen vom hohen Wohnkomfort. Die öffentlich zugängliche Schatzkammer ist gefüllt mit Kostbarkeiten aus dem 12. bis 19. Jahrhundert. Schmuck, Porzellan, Kunsthandwerk, aber auch Waffen sind hier ausgestellt.

Übrigens: Wer glaubt, die Burg schon einmal gesehen zu haben, obwohl er nachweislich noch nicht hier war, liegt trotzdem richtig. Burg Eltz war auf der Rückseite des 500-D-Mark-Scheins abgebildet!

Burg Eltz wurde nie zerstört.

Mein Lieblingsplatz

DR. KARL GRAF VON UND ZU ELTZ-KEMPENICH

Seit über 800 Jahren ist Burg Eltz in Familienbesitz. Der Lieblingsplatz von Dr. Karl Graf von und zu Eltz-Kempenich, dem heutigen Besitzer der Burg, liegt allerdings etwas außerhalb, Trutzeltz ist eine kleine Burgruine in der Nähe.

Der Aussichtsplatz an der Trutzeltz ist mein magischer Ort. Von dort erschließt sich mir das romantische Elztal bis hinein in die Vordereifel, von dort habe ich Balduins Feste zum Greifen nah und von dort erscheint, immer neu, immer anders, Burg Eltz in ihrem besonderen Zauber.

Mein Lieblingsplatz

DR. HEIDRUN MILLER

Die Geschäftsführerin RheinVokal und stellvertretende Geschäftsführerin der Landesstiftung Villa Musica in Rheinland-Pfalz Landesstiftung hat einen klingenden Arbeitsplatz.

Mein Lieblingsplatz in Schloss Engers? Keine Frage. Das ist das Herz des Schlosses: der Saal der Diana. Die Deckenfresken, der Blick auf den Rhein und die Lichtreflektionen der Wandspiegel zaubern ein traumhaftes Ambiente. In Konzerten habe ich hier wunderschöne und bewegende Momente erlebt, die ich mein Leben lang nicht vergessen werde.

★9 NEUWIED: SCHLOSS ENGERS

Barockes Schlossjuwel am Rhein

Schloss Engers, im 18. Jahrhundert als Jagd- und Lustschloss des Erzbischofs von Trier erbaut, ist heute Akademie und Kulturhaus der rheinland-pfälzischen Landesstiftung Villa Musica. Konzerte, Ausstellungen, ein Museum, ein Hotel sowie ein feines Restaurant machen das Schloss zu einem Zentrum rheinland-pfälzischer Kultur und Lebensfreude.

Unmittelbar am Rhein, eingebettet in die liebliche Flusslandschaft des Neuwieder Beckens, liegt das spätbarocke Sommerschloss Engers. Hell und elegant strahlt die prächtige Rokokofassade im Sonnenlicht. Oft klingen aus den geöffneten Fenstern Violinen- und Klavierklänge ans Ohr der Besucher, denn hier arbeiten Profis: hochbegabte Stipendiatinnen und Stipendiaten der Villa Musica! Rund 120 Konzerte pro

Barocke Kulisse für festliche Konzerte: Dianasaal.

Ob Tierfreunde, Wasserratten, Wellnessfreaks Kulturinteressierte oder Naturliebhaber – in der Deichstadt wird für jeden etwas geboten!

NEUWIED – FREIZEITSPASS FÜR DIE GANZE FAMILIE

- **Zoo Neuwied:** 1200 Tiere, Streichelgehege, Spielplatz u.v.m.
- **Rheinsteig:** 23,85 km Wandern durch die abwechslungsreiche Rheinlandschaft
- **Deichwelle:** Allwetterbad mit Spaß- und Wellnessgarantie
- **Wasserpark Feldkirchen:** Freizeit-, Spiel- und Wassererlebnis für die Kleinen
- **Veranstaltungshighlights 2011:** Gartenmarkt, Rommersdorf Festspiele, Deichstadtfest, RheinVokal, Französischer Markt, Historische Markttage

Wir freuen uns auf Sie!
Ihr Team der Tourist-Info Neuwied

NEUWIED
Tolerant. Lebendig.

ourist-Info Neuwied · Pavillon Luisenplatz/Marktstraße · 56564 Neuwied
elefon: 02631/802-5555 · Internet: www.neuwied.de · E-Mail: tourist-information@neuwied.de

AUSKUNFT

Tourist-Info Neuwied
Marktstraße
56504 Neuwied
Tel: 02631/8025555
www.neuwied.de

Schloss Engers
Alte Schlossstraße 2
56566 Neuwied
Tel: 02622/9264117
www.schloss-engers.de

Öffnungszeiten:
· Das Schlossmuseum mit dem Saal der Diana ist an Sonn- und Feiertagen von 11–17 Uhr geöffnet.
· Von Mo.–Fr. können Sie tagsüber nach Anmeldung einen Blick in den Saal der Diana werfen.

Anfahrt:
· Aus Köln/Bonn A 3 bis Dernbacher Dreieck; weiter A 48 bis Abfahrt Neuwied;
· Aus Ludwigshafen/Koblenz A 61 bis Kreuz Koblenz; weiter A 48 über die Rheinbrücke bis Abfahrt Neuwied;
· jeweils weiter B 42 bis Abfahrt Engers;

Einkehr:
Restaurant Schloss-Engers
Alte Schlossstraße 2
56566 Neuwied
Tel: 02622/9264295
Mo.–Sa. tgl. ab 15 Uhr
Von Sep.–Mai ab 18 Uhr
Sonn- und Feiertage immer ab 11 Uhr

Saison spielen die Musikerinnen und Musiker – viele davon im Schloss selbst. Im Sommer wird dazu gelegentlich der Schlosshof genutzt. Hier finden auch der Ostermarkt und Open-Air-Festivals statt. Aber auch an Tagen ohne Konzerte und Theateraufführungen lohnt sich der Besuch. Zu einer Besichtigung gehören das Museum mit alten Musikinstrumenten sowie die prachtvollen Räume des Hauses, wie etwa der lichtdurchflutete und mit einem barocken Götterhimmel verzierte Saal der Diana – nebenbei, eines der schönsten Standesämter Deutschlands! Auf der dem Rhein zugewandten Seite schreitet man über eine große Freitreppe hinunter in den Garten des Schlossrestaurants. Zwischen sorgfältig gestutzten Bäumen und geometrisch geformten Rabatten sitzt man direkt über dem Strom und genießt den Ausblick. Das Restaurant im stimmungsvollen Schlossgewölbe bietet vom kleinen Häppchen über ein herzhaftes Mittagessen bis hin zum feinen Diner eine anspruchvolle Küche sowie eine international sortierte Weinkarte. Wer dem Lebensgefühl eines Kurfürsten noch etwas intensiver nachspüren möchte, dem sei eine Übernachtung im Schlosshotel empfohlen.

Schmuckstück am Rhein: Schloss Engers.

Piratenland Neuwied

Freizeitattraktion für die ganze Familie

Vor Regen braucht sich im „Piratenland" niemand zu fürchten, denn hier können Kinder wie Erwachsene wetterunabhängig nach Lust und Laune spielen. „Wir verfolgen mit dem „Piratenland" ein völlig neues Konzept", verrät die Inhaberin Manja Merklinghaus. „Wir sehen uns nicht nur als Spielparadies für Kinder, sondern wollen auch deren Eltern und Großeltern die Möglichkeit bieten, hier äußerst angenehme Stunden zu verbringen". Auf rund 6.000 qm Fläche bietet der Erlebnispark Spiel- und Freizeitattraktionen für Menschen zwischen 0 bis 99 Jahren – und eine reichhaltige Erlebnisgastronomie.

Alles unter einem Dach

- **Hüpfburgen**
- **Trampolin**
- **E-Cart-Bahn**
- **Playground**
- **Fußballfeld**
- **Minigolf**

Regelmäßig tanzt an Samstagen und Sonntagen „Piri" der Piratenbär in der Kinderdisco. Und wer möchte, der kann im „Piratenland" Kindergeburtstag feiern und bei schönem Wetter auch den Aussenbereich nutzen.

Piratenland Neuwied
Manja Merklinghaus
Igelweg 7
Tel.: 02622 / 921770
Fax: 02622 / 921771
www.piratenland-neuwied.de

★10 REMAGEN-ROLANDSECK: ARP MUSEUM BAHNHOF ROLANDSECK

Kunst und Architektur

AUSKUNFT

Arp Museum Bahnhof Rolandseck
Hans-Arp-Allee 1
53424 Remagen
Tel: 02228/9425-0
www.arpmuseum.org

Öffnungszeiten:
Di.–So. und an Feiertagen 11–18 Uhr

Anfahrt:
· Das Arp Museum Bahnhof Rolandseck liegt an der B 9 in Remagen-Rolandseck. Mit dem Auto kann man es über die A 61, Ausfahrt Sinzig, über die A 555/565 Ausfahrt Poppelsdorf und über die A 59/B 9 erreichen.
· Parkplätze sind ausreichend vorhanden.
· Da das Museum direkt an der Bahnlinie liegt, ist es auch bequem mit dem Zug zu erreichen.

Einkehr:
Bistro Interieur No. 253 im Arp Museum Bahnhof Rolandseck
Tel: 02228/911111
www.interieur-no253.de
Di.–Sa. von 11–24 Uhr
So. 10–24 Uhr

Neubau von Richard Meier.

Skulpturen von Hans Arp.

Bahnhof Rolandseck.

Königin Viktoria von England, Reichskanzler Bismarck oder Heinrich Heine waren hier zu Gast, im berühmten Bahnhof Rolandseck. Am 12. November 1858 wurde das Gebäude eingeweiht. Seine reizvolle Lage am Rhein und seine gehobene Ausstattung machten ihn schnell zu einem beliebten Ausflugsziel und zu einem Treffpunkt kulturellen Lebens. Heute ist der zweigeschossige klassizistische Bau mit der umlaufenden gusseisernen Aussichtsgalerie ein bedeutendes Kulturdenkmal aus den Anfängen der Eisenbahngeschichte. 1977 wurde die „Stiftung Hans Arp und Sophie Taeuber-Arp“ gegründet. Das Paar gehört zu den wegweisenden Künstlern der klassischen Moderne. Doch der Bahnhof alleine war zu klein, um die Werke auszustellen. Der amerikanische Stararchitekt Richard Meier wurde deshalb mit einer Neuplanung beauftragt. Er schuf einen spektakulären Bau über dem Bahnhof Rolandseck. Die Farbe Weiß, lichtdurchflutete Räume und streng geometrische Formen dominieren das neue Museum, das durch einen breiten Tunnel mit dem Bahnhof Rolandseck verbunden ist. Die Eröffnung des 24,5 Millionen teuren Arp Museums 2007 war sogar Bundeskanzlerin Angela Merkel einen Besuch wert. Dort sind heute vor allem die plastischen Werke Arps ausgestellt, es sind aber auch Textilarbeitern, Reliefs, Zeichnungen und Gemälde von Sophie Taeuber-Arp zu sehen.

Ein weiterer Höhepunkt beim Museumsbesuch ist sicherlich die „Sammlung Rau für die Kinder dieser Welt“. Der Arzt Gustav Rau hatte seine millionenschwere Kunstsammlung, darunter Meisterwerke von Fra Angelico, El Greco, Auguste Renoir, Paul Cézanne, Max Liebermann und Claude Monet UNICEF vermacht. Das Kinderhilfswerk wiederum lieh die Sammlung dem Arp Museum, wo die Kunstwerke in wechselnder Zusammensetzung zu sehen sind.

Mein Lieblingsplatz

WALTER SCHUMACHER

Der Kenner der rheinland-pfälzischen Kulturszene ist seit 2010 Kultur-Staatssekretär.

Ich bleibe schon vor dem Museum stehen: Dem Hauspatron Hans Arp begegne ich vor dem Eingang zum Bahnhof: Wie ein Wahrzeichen empfängt uns das „Bewegte Tanzgeschmeide“, eine große Bronzeskulptur mit Durchblicken auf die umgebende Landschaft. Sie heißt den Besucher willkommen und fordert uns auf, die Kunst mit der Natur und dem Leben zu verbinden.

Dann der Gang durch den Tunnel. Man kann ihn symbolisch deuten – ein Weg zum Inneren der Kunst? – oder sich von den Kunstwerken leiten lassen.

Hoch mit dem Lift und die freie Sicht auf Kunst und Natur. Wo hat man diese Blicke? Es sind auch Rückblicke für mich, Erinnerungen an die alte Zeit im alten Bahnhof Rolandseck, wo ich als Journalist Gast war und berühmte Künstler sah. Wir haben das schönste Museum, Lieblingsplätze, alte und neue.

★11 RHEINBROHL: RÖMERWELT AM CAPUT LIMITIS

AUSKUNFT

RömerWelt am Caput Limitis
Arienheller 1
56598 Rheinbrohl
Tel: 02635/921866
www.roemer-welt.de

Tourist-Info
Neustraße 2a
53557 Bad Hönningen
Tel: 02635/2273
www.rheinbrohl.de

Rekonstruierter Wachturm.

Anfahrt
· Richtung Mainz/Koblenz
· Autofähre Bad Breisig–Bad Hönningen; ab Anlegestelle Bad Hönningen nach 300 m unter Eisenbahnbrücke; im Kreisel 2. Ausfahrt;
· Über A 3/B 42 aus Richtung Wiesbaden/Neuwied;
· Ausfahrt Arienheller;
· Über A 59/B 42 aus Richtung Köln/Bonn Ausfahrt Arienheller (Nähe Gartencenter),
· Parkplätze am Museum vorhanden.

Einkehr
Landhaus Arienheller
Arienheller 9,
56598 Rheinbrohl
Tel: 02635/5923
www.landhaus-arienheller.de

Wie bei den alten Römern

Vor 200 Jahren waren uns die Römer ganz nah! Denn das Imperium Romanum erstreckte bis in den heutigen süd- und mitteldeutschen Raum – und mitten durch das heutige Rheinland-Pfalz. Um sich von den Germanen abzugrenzen, schufen die Römer ein Bauwerk, das seinesgleichen sucht: den Obergermanisch-Raetischen-Limes. Ein 550 Kilometer (!) langer V-förmiger Graben, hinter dem ein Wall aufgeschüttet und der durch einen Zaun aus Holzpalisaden geschützt war. Er schlängelte sich von Rheinbrohl am Rhein bis zur Donau westlich von Regensburg. Ein technisches Meisterwerk römischer Ingenieurskunst. Mit dem Ende der Römerzeit verlor der Limes seine Bedeutung, er verfiel. Bis 2005 die UNESCO ihn als Weltkulturerbe anerkannte. Mit dieser Auszeichnung verbunden ist der Auftrag, dieses einmalige Bodendenkmal zu erforschen, zu erhalten und es touristisch zu erschließen.

Dem Ort Rheinbrohl, der am Beginn des Limes (Caput Limitis) liegt, kam damit eine besondere Bedeutung zu. Hier eröffnete 2008 das Erlebnismuseum „RömerWelt am Caput Limitis“, das einen lebendigen Eindruck vom Leben am Limes, vom Handel zwischen Römern und Germanen und von den Konflikten vermittelt. Theateraufführungen, römische Handwerkermärkte, Gladiatorenspiele oder Wagenrennen lassen die Römerzeit heute wiederauferstehen. Auf dem Außengelände der RömerWelt duftet es ab und an verführerisch aus dem römischen Backofen, ebenso aus dem römischen Kräutergarten. Die Rekonstruktion eines Teils des Grenzwalls lässt erahnen, wie gewaltig das Bauwerk ausgesehen hat. Unweit der RömerWelt kann man auch den Nachbau eines Wachturms bestaunen.

★12 ST. GOARSHAUSEN: LORELEY

Ein Märchen aus uralten Zeiten …

Es gibt wohl kaum eine deutsche Sehenswürdigkeit, die hierzulande und im Ausland so bekannt ist und so oft besungen wurde wie die Loreley. Wenn die Rheinschiffe unterhalb des berühmten Schieferfelsen vorbeifahren, dann können selbst Japaner und Amerikaner zitieren: „Ich weiß nicht, was soll es bedeuten, dass ich so traurig bin. Ein Märchen aus uralten Zeiten, das kommt mir nicht aus dem Sinn.“ Die Geschichte von der blonden Sirene, die, auf dem Felsen sitzend, Schiffer von der gefährlichen Flussenge unterhalb ablenkt und ins

AUSKUNFT

Rhein Touristik
Tal der Loreley
Loreley-Besucherzentrum
56346 St. Goarshausen
Tel: 06771/599093
www.tal-der-loreley.de
www.romantischer-rhein.de

Öffnungszeiten Besucherzentrum:
· März bis Ende Okt. täglich von 10–17 Uhr
· Nov. bis Feb. nur Sa. und So. von 11–16 Uhr

Anfahrt:
· B 42 Bonn/Koblenz/Wiesbaden bis St. Goarshausen;
· Der Beschilderung zum Besucherzentrum folgen;
· Dort stehen Parkplätze zur Verfügung.

Einkehr:
Bistro-Café „Treffpunkt Mittelrhein“ im Loreley-Besucherzentrum.

Objekt der Begierde: Loreleydenkmal.

Verderben stürzt, kennt jedes Kind: „Ich glaube, die Wellen verschlingen am Ende Schiffer und Kahn; und das hat mit ihrem Singen, die Lore-Ley getan“, dichtete dereinst Heinrich Heine.

Sagenhaft: Der Loreleyfelsen im Mittelrheintal.

Loreley war allerdings zunächst nur der Name des schroff aufragenden Felsens an einer sehr engen und daher gefährlichen Stelle des Rheins bei St. Goarshausen. Schon mittelalterliche Dichtungen berichten von Sagen rund um den Felsen. Denn bevor der Straßenlärm es übertönte, war hier ein sagenhaftes Echo zu hören. Man glaubte daher an Zwerge, die den Fels bewohnten. Auch der Name geht möglicherweise auf das Echo zurück. Lore wird als Bezeichnung für Rufen oder Schreien gedeutet, Ley ist ein gebräuchlicher Name für den Fels im Rheinischen Schiefergebirge. Erst der Romantiker Clemens Brentano verlieh dem Felsen eine Stimme und machte ihn um 1801 in seinem Roman „Godwin“ zur „Sie“. Heinrich Heine verfasste dann das berühmte Gedicht, das, von Friedrich Silcher vertont, zum deutschesten aller Volkslieder wurde.

Heute zieht die Loreley noch immer viele Menschen aus dem In- und Ausland an. Ein Besucherzentrum auf dem Plateau des Felsens ermöglicht einen Einblick in die Zeit der Rheinromantik und die Entstehung der Loreley-Sage. Im 3D-Kino kann man das Tal der Loreley sowie das Obere Mittelrheintal, das 2005 von der UNESCO als Weltkulturerbe anerkannt wurde, aus einer besonderen Perspektive erleben. Unvergesslich ist sicherlich auch ein Konzert auf der Loreley-Freilichtbühne.

★13 TRIER: RÖMERBAUTEN

Rom des Nordens

AUSKUNFT

Tourist-Information Trier Stadt und Land e. V.
An der Porta Nigra
54290 Trier
Telefon 0651/97808-0
www.trier.de
www.welterbe-trier.de
www.landesmuseum-trier.de

Anfahrt:
· A 1, Ausfahrt Autobahndreieck Moseltal, rechts Richtung Luxemburg/Trier;
· Beschilderung zur Innenstadt und den Parkhäusern folgen.

Einkehr:
Becker's Restaurant
Olewiger Straße 206
54295 Trier
Tel: 0651/938080
www.beckers-trier.de
Di.–Sa. ab 19 Uhr
Mittags ist auch Becker's Weinhaus geöffnet

Wahrzeichen: die Porta Nigra.

Man muss nicht bis nach Rom reisen, um den Römern auf die Spur zu kommen. In Trier, der ältesten Stadt Deutschlands, begegnet man römischen Zeugnissen auf Schritt und Tritt, weshalb die Stadt von jeher als „Rom des Nordens" gilt. Das hat auch die UNESCO anerkannt und den römischen Baudenkmälern sowie Dom und Liebfrauenkirche 1986 den Welterbetitel verliehen.

Trier wurde spätestens 16 v. Chr. von den Römern als „Augusta Treverorum" gegründet. Die Zeugnisse der rund 400 Jahre währenden römischen Epoche in der Stadt an der Mosel sind allgegenwärtig und prägen Gesicht und Charakter Triers, allen voran das Wahrzeichen, die Porta Nigra. Sie ist das am besten erhaltene Stadttor nördlich der Alpen.

Andere Denkmäler zeigen nachvollziehbar, wie das römische Alltagsleben vor Jahrhunderten verlief, beispielsweise die monumentalen Ruinen der ausgedehnten Badeanlagen der Kaiser- und Barbarathermen. Sie gehörten zu den größten Bädern im ganzen Imperium Romanum. Die Menschen kamen nicht nur zur Reinigung hierher, sondern auch zur Unterhaltung. In den Barbarathermen gab es sogar beheizte Schwimmbecken. Im Amphitheater fanden 20.000 Menschen Platz, um sich Gladiatorenkämpfe anzusehen, heute sind sie Bühne für die Antikenfestspiele. Die Konstantinbasilika, einst eine Empfangshalle für römische Kaiser, überwältigt auch heute noch durch ihre Ausmaße. Selbst antike Verkehrswege sind noch erhalten. Die Römerbrücke über die Mosel ist immer noch nicht museumsreif. Die Brückenpfeiler halten dem modernen Verkehr mühelos Stand. Die Igeler Säule, in einem Vorort von Trier gelegen, eröffnet Einblicke in die römische Bestattungskultur.

Nicht zu trennen von der römischen Vergangenheit sind die christlichen Nachfolgebauten der Stadt. Der Trierer Dom, der älteste Dom Deutschlands, entstand auf den Resten prächtiger römischer Häuser, und auch die Liebfrauenkirche ist UNESCO-Weltkulturgut.

Was die Römer schon wussten, gilt für Trier auch heute noch: „Ubi bene, ibi patria“ (Wo es mir gut geht, ist mein Vaterland), frei übersetzt „In Trier lässt es sich gut leben“.

Mein Lieblingsplatz

BISCHOF ACKERMANN

Der gebürtige Mayener Dr. Stephan Ackermann ist 2009 von Papst Benedikt XVI. zum Bischof von Trier ernannt worden.

Zu meinen Lieblingsplätzen in der antiken Römerstadt Trier gehört der Domfreihof mit dem grandiosen Blick auf die Westseite des Domes. Es beeindruckt mich immer wieder, die lebendige, reich gegliederte Westfassade mit ihren Portalen, Galerien und Türmen zu betrachten. Obwohl die Gestaltung in das Mittelalter zu datieren ist, wird mir gerade hier die große Kontinuität zur römischen Antike bewusst.

Besonders im Blick auf die kunstvoll gegliederten Galerien wird deutlich: Die Baumeister unseres Domes haben sich an Form- und Stilelementen der antiken römischen Gebäude orientiert – hier an den Galerien der Porta Nigra. Ich finde es faszinierend, wie der Trierer Dom, der bis in die Neuzeit hinein noch weiterentwickelt und verändert wurde, dennoch die Klarheit und Gelassenheit der römischen Antike bewahrt und ausstrahlt.

Koblenzer Lausbub: der Schängel.

INFOS

TOURIST-INFO STADT

▶ Tourist-Information Rathaus
Jesuitenplatz 2
56068 Koblenz
Tel: 0261/130920
info-jesuitenpl@koblenz-touristik.de

▶ Tourist-Information Hauptbahnhof
Bahnhofsplatz 17
56068 Koblenz
Tel: 0261/31304
info-hbf@koblenz-touristik.de

www.koblenz-touristik.de

TOURIST-INFO REGION

▶ Romantischer Rhein Tourismus
Loreley-Besucherzentrum
56346 St. Goarshausen
Tel: 06771/959380
info@romantischer-rhein.de

www.romantischer-rhein.de

ANREISE

Koblenz ist gut zu erreichen über die Autobahnen A 61 und A 48, die Bundesstraßen 9, 42 und 327 sowie mit der Bahn.

PARKEN

Ein modernes Parkleitsystem weist Autofahrern den Weg zu mehr als 10 000 Stellplätzen.

SHOPPING

In der Altstadt, der Schlossstraße und der Oberen Löhr gibt es ein großes Angebot an kleinen, individuellen Boutiquen, teils auch alteingesessene Fachgeschäfte. Große Warenhäuser sind in der Fußgängerzone (Löhrstraße) zu finden. Unter dem Dach des Löhr-Centers hat man die Auswahl zwischen 140 Fachgeschäften. Rund um den Zentralplatz, der die Altstadt mit der Löhrstraße verbindet, sind Modehäuser und das Schängel Center zu finden. Auf dem Münzplatz wird dienstags, donnerstags und samstags der Wochenmarkt abgehalten.

Mehr Informationen bietet die Internetseite: *www.koblenz-stadtmarketing.de*; bei der Koblenz-Touristik kann der „Shoppingführer Koblenz“ bestellt werden.

TAXEN

Taxizentrale Koblenz
Tel: 0261/33055
www.taxi-koblenz.org

Taxi Schwartz
Tel: 0171/6292227
www.taxi-koblenz.net

Taxi Diekel
Tel: 0261/9885536
www.taxi-diekel.de

Charly's Citycar
Tel.0261/18119
www.charlys-citycar.de

ÜBERNACHTUNGEN

Jugendherberge Festung Ehrenbreitstein
56077 Koblenz
Tel: 0261/972870
www.diejugendherbergen.de

Campingplatz Rhein-Mosel
Tel: 0261/82719
www.camping-rhein-mosel.de

Campingplatz Gülser Moselbogen
Tel: 0261/44474
www.moselbogen.de

HOTELZIMMER/ FERIENWOHNUNGEN

In Koblenz gibt es eine große Anzahl an Übernachtungsmöglichkeiten in allen Preisklassen. Die Mitarbeiter der Tourist-Informationen geben darüber Auskunft. Über das Internet (www.koblenz-touristik.de) sind Übernachtungen buchbar.

HOTSPOTS IN KOBLENZ

WLAN, auch Wi-Fi genannt, ermöglicht es, in Koblenz kabellos ins Internet zu gehen. Ob mit Laptop, PDA oder Mobiltelefon – alle WLAN/Wi-Fi-kompatiblen Geräte finden an den unten aufgelisteten WLAN-Hotspots in Koblenz Zugang – teils gratis, teils kostenpflichtig oder im Rahmen von Flatrates.
Eine Auswahl:

Palais
Firmungstr. 2
56068 Koblenz

McDonald's Restaurant
Schloßstr. 46–48
56068 Koblenz

oder Friedrich-Mohr-Str. 2a
56070 Koblenz

Telekomshop
Löhrstr. 22
56068 Koblenz

Telekom Hot Spot Outdoor
Am Plan 9
56068 Koblenz

Telekom Hot Spot Outdoor/Shop
Hohenfelderstr. 22
56068 Koblenz

Telekom Hot Spot Outdoor
Münzstr. 1
56068 Koblenz

Telekom Hot Spot Outdoor
Hohenfelderstr. 3
56068 Koblenz

Coffee-Bay Koblenz
Bahnhofsplatz 16
56068 Koblenz

Café Einstein
Firmungstr. 30
56068 Koblenz

Bundesarchiv
Potsdamer Str. 70
56075 Koblenz

Restaurant Da Vinci
Firmungsstr. 32 b
56068 Koblenz

Global Coffee Lounge
Am Münzplatz 10–13
56068 Koblenz

Hotels:

Hotel Fährhaus am Stausee
An der Fähre 3
56072 Koblenz

Mercure Hotel
Julius-Wegeler-Str. 6
56068 Koblenz

Ibis Hotel
Rizzastr. 42
56068 Koblenz

Hotel Contel
Pastor-Klein Str. 19
56073 Koblenz-Rauenthal

B&B Hotel
Bardelebenstr. 6
56073 Koblenz

Diehl's Hotel
Rheinsteigufer 1
56077 Koblenz

Moselhotel Hähn
Wolfskaulstr. 94
56072 Koblenz-Güls

Akzenthotel Hohenstaufen
Emil-Schüller.-Str. 41–43
56068Koblenz

Hotel Weinlaube
Haukertsweg 9
56076 Koblenz

Hotel Hamm
St.-Josef-Str. 32–34
56068 Koblenz

NOTIZEN

GPS-KOORDINATEN

1	Das Deutsche Eck	50°21'52.87'' N	7°36'22.55'' O
2	Am Plan	50°21'37.41'' N	7°36'42.59'' O
3	Görresplatz	50°21'35.42'' N	7°36'03.01'' O
4	Münzplatz	50°21'41.13'' N	7°36'40.77'' O
5	Jesuitenplatz	50°21'37.90'' N	7°36'54.39'' O
6	Rheinanlagen	50°21'15.68'' N	7°36'11.02'' O
7	Basilika St. Kastor	50°21'44.36'' N	7°36'12.93'' O
8	Liebfrauenkirche	50°21'38.90'' N	7°36'45.23'' O
9	Florinskirche	50°21'43.09'' N	7°36'49.48'' O
10	Herz-Jesu-Kirche	50°21'24.43'' N	7°36'27.51'' O
11	Kurfürstliches Schloss	50°21'20.30'' N	7°36'06.67'' O
12	Schloss Stolzenfels	50°21'11.50'' N	7°36'32.33'' O
13	Festung Ehrenbreitstein	50°21'55.76'' N	7°36'51.74'' O
14	Fort Konstantin	50°21'01.95'' N	7°36'11.27'' O
15	Balduinbrücke	50°21'50.38'' N	7°36'35.04'' O
16	Alte Burg	50°21'44.50'' N	7°36'38.46'' O
17	Ehem. Regierungsgebäude	50°21'29.59'' N	7°36'13.40'' O
18	Dikasterialgebäude	50°21'43.34'' N	7°36'40.27'' O
19	Café Hahn	50°21'40.60'' N	7°36'59.25'' O
20	Kulturfabrik (KUFA)	50°21'22.41'' N	7°36'49.85'' O
21	Theater Koblenz	50°21'30.78'' N	7°36'55.75'' O
22	Görreshaus	50°21'40.05'' N	7°36'57.18'' O
23	Mittelrhein-Museum	50°21'44.80'' N	7°36'48.77'' O
24	Ludwig Museum	50°21'46.92'' N	7°36'17.70'' O
25	Landesmuseum Koblenz	50°21'59.30'' N	7°36'58.71'' O
26	Rhein-Museum	50°21'38.43'' N	7°36'39.94'' O
27	Wehrt. Studiensammlung	50°21'05.06'' N	7°36'09.84'' O
28	Deinhard Kellermuseum	50°21'28.90'' N	7°36'57.83'' O
29	Mutter-Beethoven-Haus	50°21'36.09'' N	7°36'40.30'' O
32	Seilbahn	50°21'44.50'' N	7°36'19.32'' O
38	Schängel	50°21'38.42'' N	7°36'51.29'' O

*Alle Koordinaten im kml-Format zur Eingabe in Google Earth©

Zum Umrechnen in UTM kann die Seite *http://www.ottmarlabonde.de/L1/UTM-1.htm* genutzt werden.

TOURIST
INFORMATION

Görresdenkmal vor dem Kurfürstlichen Schloss.

BUNDES-GARTENSCHAU

BUNDES-GARTENSCHAU

TOP 5

Hafen
Rhein-Mosel
Deutsches Eck
1
Personenfähre
SEL →
BUGA-Seilbahn
Danziger Freiheit
Blumenhof am Deutschen Eck
Peter-Altmeier-Ufer
Kastorstr.
Kastorpfaffenstr.
Willi-Hörter-Weg
Kastorhof
Am Alten Hospital
32
Bf. Ehrenbreitstein
DB
Hofstr.
Charlottenstr.
Görresstr.
Eltzerhofstr.
Jesuitenpl.
Nagelsgasse
Rheinzollstr.
Firmungstr.
Rheinstr.
Josef-Görres-Pl.
Gymnasialstr.
Schanzenpforte
Gerichtsstr.
Poststr.
Karmeliterstr.
Im Vogelsang
Regierungsstr.
Konrad-Adenauer-Ufer
Personenfähre
Helfensteinstr.
Humboldtstr.
Im Teichert
Kolonnenweg
Rheinsteigufer
Deinhardplatz
Deinhardpassage
Clemenspl.
Reichenspergerpl.
Stresemannstr.
Kurfürstliches Schloss
Neustadt
Kurfürstliches Schloss
11
6
Hafen
Am Hafen
Emser Str.
49
Pfaffendorfer Brücke
Brückenstr.
Am Mainzer Tor
Julius-Wegeler-Str.
Rhein-Mosel-Halle
Weindorf
Bolzpl.
Glockenberg-tunnel
RHEIN →
Teufelstreppe
Seifenbachstr.
Hirschberger Str.
Rudolf-Breitscheid-Str.
Kaiserin-Augusta-Anlagen
Moltkestr.
Jahnpl.
42
N

N
Sport-
pl.
42
Festung Ehrenbreitstein
Greiffenklaustr.
Im
Bleidenberg
Haupt-
str.
Neudorfer Weg
Berg-
str.
An der
Fausen-
burg
Arenberger Str.
Bergstr.
32
13
Festung
Ehrenbreitstein
Kniebreche
DJH
Jugend-
herberge
Schrägaufzug
Vor dem
Sauerwassertor
Hofstr.
Bf.
E'stein
DB
P
Charlottenstr.
Obertal
Helfensteinstr.
Brentanostr.
Auf der Eich
Hofstr.
Humboldtstr.
Klausenb
Sonneneck
Im Teichert
Kolonnenweg
Blindtal
Rheinsteigufer
Spielpl.
BUNDESGARTENSCHAU 2011
1 Das Deutsche Eck
6 Kaiserin-Augusta-Anlagen mit Schlossstufen
11 Kurfürstliches Schloss
13 Festung Ehrenbreitstein
32 Seilbahn
BUGA-Kernbereich (Mit Eintrittskarte)
BUGA-Randbereich (Frei zugänglich)
1 Haupteingang
2 Nebeneingang
Ausgang

EIN SOMMERLANGES FEST

DIE BUNDES-GARTENSCHAU IN KOBLENZ 2011

Die Bundesgartenschau 2011 in Koblenz ist die erste Bundesgartenschau in Rheinland-Pfalz – und das nicht ohne Grund.

DATEN UND FAKTEN

Eröffnung: *15. April 2011*

Ende: *16. Oktober 2011*

Öffnungszeiten:
tägl. von 9 Uhr bis Sonnenuntergang

Ausstellungsbereiche:
Blumenhof am Deutschen Eck, Kurfürstliches Schloss, Festung Ehrenbreitstein

Preise: *Tageskarte Erwachsene 20 Euro, Kinder 5 Euro (Kinder bis fünf Jahre frei), Dauer- und Gruppenkarten sind im Angebot*

Koblenz ist eine der ältesten Städte in Deutschland, vor über 2000 Jahren von den Römern gegründet am Zusammenfluss von Rhein und Mosel, wo heute jedes Jahr Millionen Touristen das berühmte Deutsche Eck besuchen.

An diesem historischen Ort treffen zudem zwei Welterbestätten der UNESCO aufeinander, das Obere Mittelrheintal mit seinen Burgen und Naturdenkmälern und der Obergermanisch-Raetische Limes, ein römischer Grenzwall, der über 500 Kilometer bis zur Donau führte. Der bewegten Vergangenheit der Stadt wird nun neues Leben eingehaucht an ihren bedeutendsten Stätten, auf der mächtigen Festung Ehrenbreitstein, am Historischen Blumenhof am Deutschen Eck und am Kurfürstlichen Schloss.

Über 100 Millionen Euro wurden investiert, großzügige Grün- und Ausstellungsflächen, Blumenmeere, Spielplätze und Bühnen sind entstanden. Dort, wo zuvor Autos parkten, erblüht heute ein vollkommen neu gestalteter Schlossvorplatz, der Schlossgarten zum Rhein hin knüpft an die Ideen des visionären preußischen Gartenkünstlers Peter Joseph Lenné an.

Der Blumenhof am Deutschen Eck lädt zu Ruhe und Besinnung, aber auch zum Flanieren auf quirligen Plätzen ein. Die Festung Ehrenbreitstein präsentiert sich in völlig neuem Licht, hier entstand ein großzügi-

DATEN UND FAKTEN

Erwartete Besucher:
2 Millionen

Gesamtbudget:
102 Millionen Euro

Größe des Geländes:
48 Hektar

Veranstaltungen:
über 3000

Bepflanzungen:
- *Früh- und Sommerblüher: 700.000*
- *Blumenzwiebeln: 600.000*
- *Stauden: über 100.000*
- *Rosen: 7000*
- *Bäume: 295*

Länge der Seilbahn:
850 Meter
Fahrtdauer: *4 Minuten*
Anzahl der Kabinen: *35*
Personen pro Kabine: *18*

Neben der Seilbahn gibt es auch Shuttle-Busse zur Festung für alle, die aus persönlichen Gründen keine Seilbahn benutzen möchten. Die Nutzung der Seilbahn ist im Eintrittspreis enthalten.

ger Landschaftspark. Blumenhof und Schloss sind durch das neu angelegte Rheinufer verbunden. Wer will, kann die Füße sogar in den Rhein strecken, dank der sogenannten Schlossstufen, die es zuvor nicht gab.

Zur Festung Ehrenbreitstein auf der gegenüberliegenden Rheinseite schweben die Besucher mit der größten Seilbahn Deutschlands, die eigens für die Gartenschau installiert wurde. Der Blick auf Mosel, Rhein, die Stadt und das Mittelrheintal ist atemberaubend.

Über 3000 Veranstaltungen werden die Gartenschau in ein sommerlanges Fest verwandeln. Aber es lohnt sich, Koblenz auch außerhalb des Geländes der Bundesgartenschau zu entdecken, seine idyllische Altstadt, die vielfältige Gastronomieszene, bedeutende Museen oder kulturelle Einrich-

tungen wie das Theater Koblenz oder die Rheinische Philharmonie.

In der Umgebung sind fünf Prädikatswanderwege, darunter der Rheinsteig, zu finden, 13 Orte in der Region wurden als „Meisterwerke“ ausgezeichnet, unter anderem der höchste Kaltwassergeysir der Welt in Andernach, der Kulturpark in Sayn mit dem Garten der Schmetterlinge oder der geheimnisvolle ehemalige Regierungsbunker in Ahrweiler.

DATEN UND FAKTEN

Anreise und Parkplätze
Koblenz ist erreichbar über die A 3, A 48 und A 61 sowie über die B 9 und B 49/L 127. Der Beschilderungen zu den Parkplätzen folgen.

Mit den Fern- und Regionalzügen zum Koblenzer Hauptbahnhof. Von dort verkehrt ein Shuttle-Bus zum BUGA-Gelände.

***Hunde** dürfen nicht auf das Gelände, können aber bei der Hundebetreuung abgegeben werden.*

***Fahrradständer** an allen Eingängen vorhanden.*

Bundesgartenschau
Koblenz 2011 GmbH
Kastorpfaffenstraße 21
56068 Koblenz
Tel. 0261/702011

www.buga2011.de

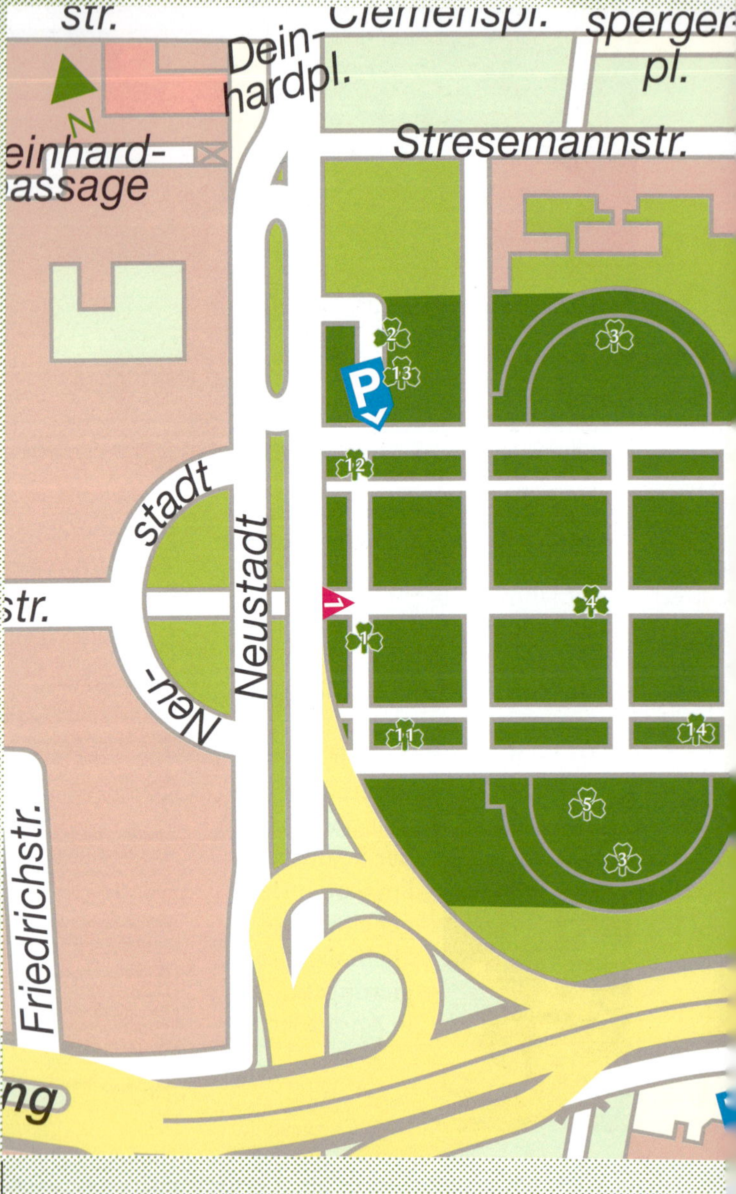
str.
Clemenspl.
sperger-
pl.
Dein-
hardpl.
N
einhard-
assage
Stresemannstr.
2
13
P
3
12
stadt
Neustadt
str.
1
4
Neu-
11
14
Friedrichstr.
5
3
ng

BUGA-Bereich
Kurfürstliches Schloss

BUGA-BEREICH
KURFÜRSTLICHES SCHLOSS

- 1 *Kübelpflanzenkabinett/ Spalier-Garde*
- 2 *Marktplatz*
- 3 *Staudenbögen/ Zeitbogen*
- 4 *Begehbare Krone*
- 5 *Schlossbühne*
- 6 *Schlossgarten*
- 7 *Rosenparterre*
- 8 *Rhododendronhain*
- 9 *Leselounge*
- 10 *Klanggarten*
- 11 *Skaterplaza*
- 12 *Schmuckkästchen der Kaiserin Augusta*
- 13 *Imbiss Schlosspark*
- 14 *Grand Café im Schloss*
- 15 *Markt-Restaurant Orangerie*
- 6 *Schlossstufen*
- 11 *Kurfürstliches Schloss*
- *BUGA-Kernbereich (Mit Eintrittskarte)*
- *BUGA-Randbereich (Frei zugänglich)*
- 1 *Haupteingang*
- 2 *Nebeneingang*
- *Ausgang*

DAS KURFÜRSTLICHE SCHLOSS

Das Schloss mit seinem rund neun Hektar großen Areal präsentiert sich zur BUGA in völlig neuem Gewand und widmet sich dem Thema Gartenkunst. Der zuvor ungenutzte Schlossvorplatz verwandelte sich in einen prachtvollen Bürgerpark mit breiten Wegen, weitläufigen Beeten, Wasserflächen und einem Spielplatz.

Besucher können nun durch das Schloss und den dahinterliegenden Schlossgarten ☘6, der nach den Plänen des großen preußischen Gartenbaumeisters Peter Joseph Lenné neu angelegt wurde, bis an den Rhein gelangen. So genannte Schlossstufen ⌂6 (▸ S. 31) ermöglichen es sogar, die Füße ins Wasser zu halten und auf den Sitzstufen den Blick über den Rhein zu genießen. Flanieren wie die Fürsten in und um das Schloss herum ist wieder möglich.

Direkt am Ufer gelegen: das Kurfürstliche Schloss.

Eingänge

▶ 1 Haupteingang Schlosspark
▶ 2 Schlossstufen

Ausstellungen

☘ 1 Kübelpflanzenkabinett/Spalier-Garde

Das Kübelpflanzenkabinett liegt direkt hinter dem Haupteingang und gibt den Blick frei auf die Wechselbepflanzung in der „Begehbaren Krone“.

☘ 2 Marktplatz

Auf diesem Gärtnermarkt kann man alles rund um den Gartenbedarf kaufen.

3 Staudenbögen/Zeitbogen

Staudenbepflanzung innerhalb der Zirkularbauten des Schlosses, dort können Besucher auf Präsentationswänden verfolgen, wie sich das Schloss im Laufe der Jahrhunderte gewandelt hat und welche Personen dabei eine Rolle gespielt haben.

4 Begehbare Krone

Freilandschau mit Wechselbepflanzung in den Farben Gelb, Orange und Rot in Form einer blühenden Krone.

11 Kurfürstliches Schloss (▶ S. 46)

5 Schlossbühne

6 Schlossgarten

Die Rekonstruktion des Gartens nach den Plänen von Peter Joseph Lenné (1789-1866) begeistert mit strengen Eiben-Hecken und verspielten Rosen- und Staudenbeeten.

7 Rosenparterre

Rosen, wohin das Auge reicht.

8 Rhododendronhain

Der Hain auf 2600 Quartratmetern Fläche wird zur Blütezeit der Rhododendren im April und Mai ein Publikumsmagnet werden.

Rosenliebhaber kommen am Schloss auf ihre Kosten.

9 Leselounge

Hier kann man mit einem guten Buch oder bei einer Lesung entspannen.

10 Klanggarten

Platz für kleinere Konzerte und sphärische Klänge.

6 Rheinpromenade/ Schlossstufen

Breite, rund 100 m lange Stufen, die bis an den Rhein führen.

Den Sommer genießen.

Spielplätze

11 **Skaterplaza**
... für Skateboards und BMX-Bikes.

12 **Spielen im Schmuckkästchen der Kaiserin Augusta**
Schaukeln und Wippen stellen überdimensionale Spiegel und Haarnadeln dar, eine Krone ist der Kletterturm und die Rutsche sieht aus wie eine Perlenkette. Ein wahrhaft kaiserlicher Spielplatz für Kinder ab vier Jahren.

Gastonomie

13 Imbiss im Schlosspark
14 Grand Café im Schloss
15 Markt-Restaurant Orangerie

BUGA-BEREICH BLUMENHOF AM DEUTSCHEN ECK

- 16 *Partnerschaftsgärten*
- 17 *Leben mit dem Fluss*
- 18 *Blaues Band*
- 19 *Dahlien*
- 20 *RZ-Forum/Bühne*
- 21 *SWR-Pavillon*
- 22 *Skulpturengarten*
- 23 *Blütengarten*
- 24 *Zeitfeld – Coblenzer Spuren*
- 25 *Paradiesgarten*
- 26 *Wasserspielplatz*
- 27 *Markt-Restaurant Rheinschmecken*
- 28 *Königsbacher Biergarten am Deutschen Eck*
- 29 *Eiscafé am Deutschen Eck*
- 30 *Restaurant Blumenhof*
- 1 *Das Deutsche Eck*
- 7 *Basilika St. Kastor*
- 32 *Seilbahn*
- *BUGA-Kernbereich (Mit Eintrittskarte)*
- *BUGA-Randbereich (Frei zugänglich)*
- 1 *Haupteingang*
- 2 *Nebeneingang*
- *Ausgang*

BUGA-Bereich
Blumenhof am Deutschen Eck

BLUMENHOF AM DEUTSCHEN ECK

Gleich hinter dem berühmten Deutschen Eck, wo Mosel und Rhein zusammenfließen, schließt sich ein weiterer Bereich der Bundesgartenschau an, der historische Blumenhof. Er ist dem Thema Gartenerlebnis gewidmet. Im Schatten der Basilika St. Kastor lädt dieser Ort zu Ruhe und Besinnung, aber auch zum Flanieren ein. Brunnen, Wasserbecken und Fontänen sowie ein Wasserspielplatz greifen das für die Stadt Koblenz so wichtige Thema Wasser auf. Kunst und Kultur sind weitere Themen.

Eingänge

▶ 1 **Basilika St. Kastor**
▶ 2 **Rheinterrassen**

Ausstellungen

16 **Partnerschaftsgärten (Gardens of Friendship)**
Gärten der Koblenzer Partnerstädte.

Eintauchen in Blumenmeere.

17 Leben mit dem Fluss
Eine interaktive Ausstellung, die sich in drei Pavillons mit den Themen „Fluss und Nutzung", „Lebensraum Fluss" sowie „Mensch und Hochwasser" beschäftigt.

18 Blaues Band
Frühjahrs- und Sommerwechselflor aus blauen und weißen Blüten symbolisieren den Zusammenfluss (Confluentia) von Mosel und Rhein.

19 Dahlien
Dahlienausstellung, Sommer- und Herbstflor.

Die BUGA öffnet neue Horizonte.

20 RZ-Forum/Bühne
Hier präsentiert sich die Rheinzeitung – hier steht die Bühne am Deutschen Eck.

1 Deutsches Eck (▶ S. 24)

21 SWR-Pavillon
Hier präsentiert sich der Südwestrundfunk.

24 Ludwig Museum (▶ S. 65)

22 Skulpturengarten
Kunst- und Skulpturenausstellung in Zusammenarbeit mit dem Ludwig Museum.

23 Blütengarten
Moderne Kunst und farbenfrohe Bepflanzung kennzeichnen diesen Bereich. Wasserfontänen steigen in die Luft und versprechen Abkühlung.

24 Zeitfeld – Coblenzer Spuren
Ausstellung über die Geschichte der Stadt.

7 Basilika St.Kastor (▶ S. 36)

25 Paradiesgarten
Ein von Hecken umfriedetes und mit Pflanzen aus der biblischen Mythologie gestaltetes Paradiesgärtchen, ein Ort zum Ausruhen.

Spielplätze

26 Wasserspielplatz
Hier bleibt kein Kind trocken: Wasserstauen, Klettern, Spritzen und Balancieren sind an den sieben Spielstationen ausdrücklich erlaubt!

Gastronomie

27 Markt-Restaurant Rheinschmecken

28 Eiscafé am Deutschen Eck

29 Königsbacher Biergarten am Deutschen Eck

30 Restaurant Blumenhof

Auch für Kinder gibt es viel zu entdecken.

32 SEILBAHN

Die Seilbahn ist die spektakulärste Attraktion auf der Bundesgartenschau. Sie schwebt vom Deutschen Eck hinauf zur rund 120 Meter höher gelegenen Festung Ehrenbreitstein. Dabei bietet sich ein atemberaubender Blick auf Rhein und Mosel, das Obere Mittelrheintal, auf Koblenz und das Neuwieder Becken. Die Fahrt über den Rhein dauert vier Minuten. 850 Meter werden dabei überwunden.

Die Gondeln sind barrierefrei, also auch für Rollstuhlfahrer oder Familien mit Kinderwagen geeignet. Die Nutzung der Seilbahn ist während der Bundesgartenschau 2011 im Eintritts-Preis inbegriffen. Für Besucher, die aus persönlichen Gründen nicht mit der Seilbahn fahren möchten, wird zusätzlich ein Schuttle-Bus eingesetzt. (▸ S. 170)

Seilbahn: die spektakulärste Attraktion der BUGA.

MIT NATURSTEINEN BLÜHEN HÄUSER UND GÄRTEN AUF

Natursteine machen jeden Garten zum Schmuckstück – und selbst betagte Außenmauern lassen sich jetzt innerhalb weniger Stunden in einen dekorativen Blickfang verwandeln: Das neue Naturstein-Fassadensystem „Stonepanel" sorgt für zeitlose wie elegant-rustikale Optik in gemütlichen Gartenecken, an Terrassen, Außenkaminen, Stützmauern oder Treppenabgängen.

War bisher eine Naturstein-Verblendung aufwendig und kostspielig, macht Stonepanel die Bekleidung von Mauern unkompliziert, schnell und damit wesentlich günstiger. Hinter dem Namen „Stonepanel" verbergen sich handlich vormontierte Elemente mit einzeln eingebetteten bruchrauen Natursteinen, die in vier warmen Farben lieferbar sind: Orientgold, Multicolor, Blaugrau und Nordicgrau. Jedes Einzel-Paneel ist – leicht unterschiedlich nach gewählter Steinart – rund 60 Zentimeter breit, 15 oder 20 Zentimeter hoch und 6 Zentimeter dick und wird einfach mit Klebemörtel auf der Wand befestigt.

Stonepanel: Neues Fassadensystem macht Außenmauern zum dekorativen Schmuckstück

Aufwendige Vorarbeiten sind meist nicht nötig: Kleinere Unebenheiten auf dem Untergrund gleicht das acht bis zehn Millimeter starke Klebebett aus, auf Porenziegeln oder Porenbeton kann die Fassadenbekleidung direkt auch ohne weiteren Putzauftrag verklebt werden. Durch eine geschickte Verzahnung in Z-Form greifen die Einzelelemente des Modulsystems so passgenau ineinander, dass die Übergänge von einem zum anderen Paneel nicht sichtbar sind und der Gesamteindruck einer durchgehenden Natursteinmauer entsteht. Besonderheit des „Stonepanel“ ist aber die absolute Wetterfestigkeit und Frostbeständigkeit: Die Natursteine sind in einem Zementmörtel-Bett eingelassen, mit einem Metall- oder Glasfasergitter armiert und trotzen selbst an exponierten Stellen wie an Kaminen oder an Gartenmauern extremsten Wetterbedingungen.

Was außen hart im Nehmen ist, setzt auch bei der Innengestaltung neue Maßstäbe: Als elegante Natursteinwand im Badezimmer, als mediterraner Blickfang im Essbereich oder als sachlich-trendige Rückwand-Blende in der modernen wie exklusiven Küche – die Natursteinpaneelen geben reizvoll wie abwechslungsreich Wänden eine ganz besondere Note.

Ob Alt- oder Neubau: Die Verlegung der vorgefertigten Paneele erfordert weder professionelle Vorkenntnisse noch Spezialgeräte oder -werkzeuge. Zum Fixieren im Mörtelbett wird ein Gummihammer benötigt, zum Schneiden genügt ein einfacher Trennschleifer mit Diamantscheibe. Selbst Außen- oder Innenecken sind für den Heimwerker kein großes Problem: Spezielle Eckprofile sorgen für optisch übergangslosen Anschluss.

Bauherren haben die Wahl zwischen vier Steinarten: gelb-rötlichem Quarzit („Orientgold“), rötlich-rustikalem Schiefer („Multicolor“), lichtgrauem Sandstein („Nordic-Grau“) und edeldunklem Schiefer („Blaugrau“).

DATEN UND FAKTEN

Infos zu Stonepanel und Bezugsmöglicheiten im Naturstein- und Baustoffhandel:

Rathscheck Schiefer und Dach-Systeme

St.-Barbara-Str. 3
56727 Mayen

Telefon: 02651/9550
www.schiefer.de

BUGA-BEREICH FESTUNG EHRENBREITSTEIN

- 31 *Grabgestaltung und Denkmal*
- 32 *Biodiversität*
- 33 *Aussichtsbauwerk*
- 34 *Kompetenzzentrum Grün*
- 35 *Themengärten „Schätze der Region"*
- 36 *Haus der Keramischen Welten*
- 37 *Kirche auf der BUGA*
- 38 *Ausstellungsbereich Festung*
- 39 *BUGA-Hauptbühne*
- 40 *Blumenhallen*
- 41 *Geschichte der Rose*
- 42 *Kletterspielplatz Fort Bleidenberg*
- 43 *Café Fleur*
- 44 *Weingarten Restaurant*
- 45 *Imbiss an den Blumenhalle*
- 46 *Weinbistro Lange Linie*
- 47 *Imbiss Kurtine*
- 48 *Ferrari's Restaurant*
- 49 *Markt-Restaurant Kuppelsäle*
- 13 *Festung*
- 32 *Seilbahn*

- *BUGA-Kernbereich (Mit Eintrittskarte)*
- *BUGA-Randbereich (Frei zugänglich)*
- 1 *Haupteingang*
- 2 *Nebeneingang*
- *Ausgang*

BUGA-Bereich
Festung Ehrenbreitstein

13 FESTUNG EHRENBREITSTEIN

Das Plateau der Festung Ehrenbreitstein, auf der rechten Rheinseite hoch über der Stadt, ist der größte der drei Gartenschaubereiche: Ein riesiger 27 Hektar großer Landschaftspark, der dem Thema Gartenwissen gewidmet ist. Hier wurde viel Erde bewegt, neue Wege und Grünflächen sind entstanden, 40.000 Stauden, 5500 Rosen und 200 Reben wurden gepflanzt. 600.000 Tulpen verwandeln das Freiland in ein Blumenmeer. Das weitläufige Plateau bildet einen wunderschönen gestalterischen Kontrast zu den kleinteiligeren Ausstellungsflächen in der Stadt. Die Vorfreude auf die „Eroberung" der Festung wird durch die Seilbahn erhöht, mit der die Besucher über den Rhein hinaufschweben können!

Eingänge

- 1 Haupteingang Festungsplateau
- 2 Felsenweg

In vier Minuten vom Deutschen Eck zur Festung.

Ausstellungen

31 Grabgestaltung und Denkmal
Friedhofsgärtner und Steinmetze zeigen ihr Können.

32 Biodiversität – Lernen von der Natur-Vielfalt des Lebens
In diesem Bereich geht es um die Bedeutung der Artenvielfalt. Gemüsesorten und Streuobstwiesen sind nur zwei Themen, die von unterschiedlichen Ausstellern in Zellengärten präsentiert werden.

33 Aussichtsbauwerk
Die neue Aussichtsplattform der Landesforsten RLP inszeniert den Blick auf Koblenz, das Neuwieder Becken, die Hocheifel und zur Festung neu. Zehn Meter ragt das Holz-Bauwerk über den Hang!

34 Kompetenzzentrum Grün
Dies ist der Bereich der grünen Berufe. Fachleute informieren nicht nur über Garten-, Landschafts- und Gemüsebau sowie Baumschulen, sondern zeigen auch Beispiele für Stadtgärten und geben Tipps für den Garten zu Hause.

35 Themengärten „Schätze der Region"
Im Festungsgraben präsentieren sich Städte und Regionen aus der Umgebung in 13 Gärten. Themen sind unter anderem Wein, Heilwasser oder Basalt. (▸ S. 192)

36 Haus der Keramischen Welten
Die Stadt Höhr-Grenzhausen wartet mit Keramik-Ausstellungen und Workshops auf.

37 Kirche auf der BUGA
Die Evangelische Kirche im Rheinland und das Bistum Trier präsentieren sich gemeinsam unter dem Leitwort „Felsenfest Wandelweise".

38 Ausstellungsbereich Festung

Auf der Festung präsentiert sich das Land Rheinland-Pfalz mit verschiedenen Themen und einer kleineren Bühne. Das Landesmuseum inszeniert auf den Dächern der Festung historische Dachgärten aus 2000 Jahren und zeigt die Ausstellungen „10.000 Jahre Grabkultur“ sowie „Peter Joseph Lenné im Rheinland“. Auf dem Festungsrundweg gibt es Informationen zu 3000 Jahren Festungsgeschichte. Das Thema Wein darf in Rheinland-Pfalz natürlich auch nicht fehlen.

39 BUGA-Hauptbühne

40 Blumenhallen

In den beiden Blumenhallen können Besucher unabhängig vom Wetter in Formen und Farben schwelgen. Rosen, Orchideen und Gerbera, Bonsai, Kakteen oder fleischfressende Pflanzen sind Themen der 23 Wechselausstellungen.

41 Geschichte der Rose

Im letzten Teil des Plateau-Rundgangs sind die Rosenkabinette gepflanzt, in denen Hunderte Rosenstöcke zwischen Heckenelementen ihren Platz finden. Mit uralten Rosen bis hin zu neuartigen Züchtungen wird das Thema Rosengeschichte aufgegriffen.

Spielplätze

42 Kletterspielplatz Fort Bleidenberg
Dieser Spielplatz ist von der Natur inspiriert. Bäume werden zu Spielgeräten, die Baumhäuser im Klettergarten sind ein Garant für Abenteuer. Schaukeln, Stege, Seile und ein Trampolin laden zum Toben ein.

Gastronomie

- 43 Café Fleur
- 44 Weingarten-Restaurant
- 45 Imbiss an den Blumenhalle
- 46 Weinbistro Lange Linie
- 47 Imbiss Kurtine
- 48 Ferrari's Restaurant
- 49 Markt-Restaurant Kuppelsäle

Terrasse von Ferrari's Restaurant.

THEMENGÄRTEN „SCHÄTZE DER REGION“

Gärten, die jeder gesehen haben sollte

Koblenz liegt im Herzen des Mittelrheins – einer Region, die Spektakuläres zu bieten hat: Burgen und Schlösser, Kirchen und Klöster stehen in einer einzigartigen Dichte beieinander. Und auch geologisch ist diese Landschaft bemerkenswert: Eiszeiten und Vulkane, Wind und Wasser schufen eine der aufregendsten Naturlandschaften Mitteleuropos. Der höchste Kaltwassergeysir der Welt in Andernach-Namedy und der Laacher See sind eindrucksvolle Zeugnisse einer heißen Vergangenheit. Gleich zwei Stätten hat die UNESCO mit dem Welterbetitel gekrönt: das Obere Mittelrheintal sowie den Obergermanisch-Raetischen Limes. Premium-Wanderwege wie der Westerwaldsteig, der Rheinsteig, die Traumpfade, der Klosterweg oder der Wiedweg bieten sagenhafte Ein- und Aussichten.

Auf der BUGA stellt sich die Region Mittelrhein mit ihren Schätzen in 13 Themengärten vor, die Lust machen sollen auf einen Ausflug in die Umgebung. Zudem wurden überraschende und originelle grüne Ideen umgesetzt, die auch jede Menge Anregungen für den eigenen Garten bieten. Kurzum, die Themengärten „Schätze der Region“ im Hauptgraben auf der Festung Ehrenbreitstein sind ein Highlight der BUGA.

Themengarten Burgen und Schlösser

Rittersporn, Kaiserblume, Schwertlilie, Helmkraut – diese edlen Pflanzen machen den Themengarten Burgen und Schlösser zu einem märchenhaften Ort. Die Gartenarchitektur erinnert an einen Rittersaal mit Bogenfenstern. Eine langen Rittertafel lädt die Besucher ein, Platz zu nehmen.

Partner: Burg Eltz (VG Maifeld, Burg Eltz), Schloss und Burg Sayn mit Schmetterlingsgarten (Stadtverwaltung Bendorf), Marksburg (Braubach), Schloss Philipsburg (Deutsche Burgenvereinigung)

www.burg-eltz.de | www.sayn.de | www.marksburg.de
www.deutsche-burgen.org

Themengarten Wasser und Wellness

In diesem Garten kann man Wasser als glatte Fläche, Fontänen, Nebel oder blubbernde Quellen erleben. Wer will, kann seine Füße ins kühle Nass hängen oder hindurch waten. Zum Abtrocknen und Ausruhen gibt es hier reichlich Gelegenheit und Plätze, gerade so, wie man es auch in den klimatisch bevorzugten Orten der Region Mittelrhein erleben kann, beispielsweise im Kurort Rengsdorf, der neben seiner Louisenquelle Bäder, Bäche sowie historische Mühlen bietet.

Partner: Wasserwelten im Louisenthal Rengsdorf, Kaiserbad Bad Ems, Kneipp-Wellness Marienberg (Stadt Bad Marienberg), Wasser in der VG Weißenturm

www.bad-ems.info | www.badmarienberg.de | www.kurortrengsdorf.de www.verbandsgemeindeweissenthurm.de

Themengarten Klöster

Das Wort Kloster leitet sich vom lateinischen „claustrum" ab, was „verschlossen" bedeutet. Entsprechend bietet dieser Garten unter anderem kleine Zellen mit Liegen als Rückzugsorte. Darüber spannt sich ein dichtes Bambusdach, unter dem man die etwas entrückte Atmosphäre eines Klosters auf sich wirken lassen kann. Der Welt der Klöster begegnet man in der Region Mittelrheintal mit ihren vielen berühmten kirchlichen Bauten häufiger.

Kloster Rommersdorf.

Das Wiedtal im Herzen des Naturparks Rhein-Westerwald beispielsweise ist geprägt von einer langen klösterlichen Tradition – hier haben sich die frommen Franziskaner-Brüder in dem kleinen Ort Hausen niedergelassen und auf dem Klosterberg steht das Mutterhaus der Waldbreitbacher Franziskanerinnen.

Partner: Klosterlandschaft Wiedtal (Waldbreitbach), Kloster Rommersdorf (Neuwied), Abtei Maria Laach

www.wiedtal.de | www.maria-laach.de | www.abtei-rommersdorf.de

Themengarten Kunst und Keramik

Ein Labyrinth aus Ton-Skulpturen erwartet die Besucher in diesem Garten, schließlich liegt die Keramikstadt Höhr-Grenzhausen nur zehn Kilometer von Koblenz entfernt. Der Garten ist ein Beispiel für moderne Gartenarchitektur und regt an, über Kunst im eigenen Garten nachzudenken.

Partner: Keramik aus Höhr-Grenzhausen (Stadt und VG Höhr-Grenzhausen), Kunst- und Kulturzentrum B-05 (Stadt und VG Montabauer)

www.montabaur.de | *www.hoehr-grenzhausen.de* | *www.b-05.org*

Themengarten Neue Rheinromantik

Um den geeigneten Bildausschnitt für ihre pittoresken Gemälde zu finden, nutzten die Maler der Rheinromantik den sogenannten Claude-Spiegel. Mit Hilfe dieses Werkzeugs aus poliertem Glas mit leicht gewölbter und gefärbter Linse fingen die Maler im 18. Jahrhundert Perspektive, Linienführung und Licht ihrer späteren Werke ein. Der Themengarten Neue Rheinromantik, der wie ein überdimensionaler Claude-Spiegel angelegt ist, soll die Rheinromantik widerspiegeln, wie sie sich dem heutigen Besucher zeigt, beispielsweise in den Gärten des Rheins zwischen Sayn und Wied, wo sich auch heute noch die ganze Palette der Gartenkunst von barocker Zier bis zum mittelalterlichen Burgkräutergarten wiederfindet.

Schlosspark Sayn.

Partner: Gärten des Rheins zwischen Sayn und Wied (Neuwied), VG Rhens, Kirchen, Klöster und Wallfahrtsorte (Vallendar), Historisches Lahnstein

www.lahnstein.de | *www.rhens.de* | *www.neuwied.de* | *www.vallendar.eu*

Themengarten Römer und Limes

Der Limes, ein 550 Kilometer langer Grenzwall zwischen dem Römischen Reich und dem Territorium der Germanen, der seinen Anfang in Rheinbrohl (Caput Limitis) nahm und bis zur Donau führte, ist Thema dieses Gartens. Auf der einen Seite findet sich das Grundelement des Rasters, wie es für den römischen Städtebau oder die Aufstellung der römischen Armee typisch war, auf der anderen, der germanischen Seite, geht es „wilder" zu. So finden sich strenge Zypressen struppigen Großgräsern gegenüber.

Partner: Limes (Stadt und VG Höhr-Grenzhausen, Limes im Rhein-Lahn-Kreis), Bad Hönningen/Rheinbrohl (Erlebnismuseum RömerWelt)

www.roemer-welt.de | *www.hoehr-grenzhausen.de*
www.rhein-lahn-info.de

Themengarten Kulturlandschaften

Dieser Garten wird von jungen Landschaftsarchitekten als BDLA (Bund Deutscher Landschaftsarchitekten)-Nachwuchswettbewerb gestaltet und bietet innovative Gartenideen. Lassen Sie sich überraschen, hier ist freier Raum für gärtnerische Kreativität.

Partner: VG Vordereifel, Kulturlandschaften und Orte im Mittelrhein (Zweckverband Mittelrheintal), Landschaftspark auf dem Wirt/Schlösser (VG Diez am Lahn)

www.wacholderheiden.de | *www.welterbe-oberes-mittelrheintal.de*
www.vgdiez.de

Themengarten Welterbe Mittelrheintal

Wer das berühmte Mittelrheintal besucht, der schreibt auch eine Postkarte – egal ob nach Hamburg, Schanghai oder nach New York. Dieses Motiv wurde gärtnerisch in sogenannten Postkartenbeeten umgesetzt. Die Beete bilden symbolisch Weinberge oder archäologische Stätten nach. Mithilfe von Guckkästen können sich die Besucher auch „echte" Bilder des von der UNESCO ausgezeichneten Tales anschauen.

Partner: UNESCO-Welterbe Limes und Mittelrheintal (Landesregierung/Zweckverband Mittelrheintal)

www.welterbe-oberes-mittelrheintal.de

Themengarten Vulkanismus/Erdgeschichte

Dieser Garten arbeitet mit Materialien, die vulkanischen Ursprungs sind: Eifelbasalt, Findlinge, Schotter und Asche. Die Pflanzenwelt mit Farnen und Moosen ist der nach einem Vulkanausbruch nachempfunden – allmählich erobert die Botanik ihre Welt zurück.

Partner: Vulkanpark Osteifel, Geysir Andernach, Pellenz

www.geysir-andernach.de | *www.vulkanpark.com* | *www.pellenz.de*

Themengarten Gartenkultur und Obstbau

Wer diesen Garten besucht, steht mitten in einem überdimensionierten Obstkorb. Die Wände des Gartens sind aus Weide geflochten, im Korb-Garten stehen Obstbäume, die zum Naschen auf fruchtig-bunten Sitzkissen einladen.

Partner: Kräuter- und Gartenregion Westerwald, Zoo Neuwied, Obstanbau in der VG Weißenturm

www.zooneuwied.de | *www.kraeuterwind.de*
www.verbandsgemeindeweissenthurm.de

Themengarten Wandern und Klettern

Was macht Wandern zum Erlebnis? Traumhafte Landschaften, Bewegung in der Natur und spektakuläre Aussichten. All das bietet die Region Mittelrhein mit ihren romantischen Wanderwegen und anspruchsvollen Klettersteigen, wie etwa in Boppard. Als Grundelement des Themengartens dient die Haselrute – das Symbol für den Wanderstab. Die Ruten sind so angeordnet, dass der Eindruck von Bergen und Tälern oder Lichtungen entsteht.

Partner: Mittelrhein Klettersteig (Boppard), Traumpfade im Rhein-Mosel-Eifelland (Rhein-Mosel-Eifeltouristik), Premiumwanderweg Westerwaldsteig (Regionalagentur Westerwald), Klettersteig Bendorf-Sayn.

www.westerwald.info | www.traumpfade.info
www.boppard-tourismus.de | www.kletterwald-sayn.de

Themengarten Weinbau und Terrassenlandschaft

Die steilen Weinlagen am Rhein sind charakteristisch für diese Landschaft. Folgerichtig steht in diesem Garten die Weinrebe im Mittelpunkt. Dafür wurde ein neuer Weinberg angelegt, daneben gleich ein Korkeichenhain. Unter einer Pergola, die in ihrer Gestalt an ein Holzfass erinnert, kann man Wein „hören", vom Ploppen des Korkens bis zum Schunkellied.

Partner: Bopparder Hamm (Stadt Boppard), Weinbau-Terrassenmosel (VG Untermosel)

www.boppard-tourismus.de | www.sonnige-untermosel.de

Themengarten Basalt und Gestein

Im Herzen des Westerwalds liegt eine ganz besondere Schatzkammer: Der Erlebnispark Stöffel mit einer weltweit bedeutenden Fossillagerstätte – 25 Millionen Jahre Erdgeschichte und mehr als 100 Jahre Industriegeschichte werden hier lebendig. Wie vielfältig diese Natursteine im Garten verwendet werden können, als Kunstobjekte, Sitzmöglichkeiten oder Mauern, zeigt dieser Themengarten.

Partner: Westerburg mit Stöffelpark

www.stoeffelpark.de | www.westerburgerland.de

KORRESPONDIERENDE BEREICHE

Nicht nur die BUGA-Bereiche Kürfürstliches Schloss, Blumenhof am Deutschen Eck und Festung Ehrenbreitstein, die während der Gartenschau eingezäunt sind, wurden enorm aufgewertet. Auch viele nicht eintrittspflichtige Bereiche in der Stadt wurden modernisiert. Dazu gehören das Konrad-Adenauer-Ufer am Rhein, das neu begrünte Moselufer, der jetzt autofreie Clemensplatz in der Stadt. Auf der rechten Rheinseite in Ehrenbreitstein sind die Rheinanlagen umgebaut worden, sie bieten jetzt auch einen 400 Quadratmeter großen Spielplatz, auf dem sich die Kinder wie Piraten fühlen dürfen – dank Spielgeräten, die an Schiffe erinnern.

Allein 16 Millionen Euro investiert das Land in das Schloss Stolzenfels (▸ S. 48), hoch über Koblenz gelegen. Dieses Kleinod der Rheinromantik mit seinen Zinnen, Türmchen und Terrassen und der prächtigen Einrichtung aus dem 19. Jahrhundert sollte sich kein BUGA-Besucher entgehen lassen. Der Garten um das Schloss wird wie der Park des Kurfürstlichen Schlosses in der Stadt (BUGA-Kernbereich) nach den Plänen von Peter Joseph Lenné neu geschaffen.

www.gdke-rlp.de

VERANSTALTUNGEN

Die Bundesgartenschau Koblenz 2011 ist eine Schau der Superlative, das zeigt sich auch bei den Veranstaltungen. Zwischen der Eröffnungsfeier am 15. April und dem Abschlussfest am 16. Oktober 2011 werden über 3000 (!) Veranstaltungen geboten, für Jung und Alt, für Kulturinteressierte und Sportbegeisterte, für Liebhaber kleiner Events und für Fans großer Feste. Der Schlossgarten mit seinen ruhigen Nischen wird zum Spielort kleinerer Ensembles beispielsweise der Villa Musica sowie der Rheinischen Philharmonie. Der Blumenhof bietet unter anderem Veranstaltungen rund um das Thema Wasser, aber auch Lesungen in kleinerem Rahmen. Die größte Ausstellungsfläche rund um die Festung Ehrenbreitstein wird für große Veranstaltungen mit Tausenden Besuchern wie das SWR4 Sommerfest, für Theater- und Musicalaufführungen genutzt.

FIX-TERMINE

An jedem Tag der Woche gibt es zudem feste Reihen, die einem Thema gewidmet sind:

***Montag:** Sport*

***Dienstag:** Musik*

***Mittwoch:** Tag der Stadtteile*

***Donnerstag:** Sport, After-Work-Lounge*

***Freitag:** Jugendkultur*

***Samstag:** Großveranstaltungen*

***Sonntag:** Tanz*

Die Macher der Bundesgartenschau haben darauf geachtet, dass den Besuchern nicht nur abends, sondern gerade tagsüber Veranstaltungen geboten werden.

APRIL

15.04.–17.04.
Eröffnungswochenende

24.04./25.04.
Osternfamilienprogramm (gesamtes Gelände)

30.04.
Sport vor Ort
Sportvereine präsentieren ihr Können und die Vielfalt des Sports
(Sparkassen-Bühne, Plateau Ehrenbreitstein)

MAI

06.–07.05.
Eröffnung des Kultursommers Rheinland-Pfalz
Kulturfest für die ganze Familie
(Plateau Ehrenbreitstein, Festung)

06.–15.05.
Lichtströme/Lichtfest
Internationale Lichtkünstler erleuchten die BUGA
(Plateau Ehrenbreitstein, Festung)

13.–15.05.
Rheinland-Pfälzische Literaturtage
(RZ-Forum, Blumenhof am Deutschen Eck)

JUNI

04.06./05.06.
Kaiserin Augusta – Das Fest
Ein Fest zu Ehren der Kaiserin, die der Stadt Koblenz im Jahre 1865 die Rheinanlagen schenkte
(Kurfürstliches Schloss, Rheinanlagen)

10.06.
Kreatives Familienfest des Koblenzer Bündnis für Familien
(Nähe Seilbahn, Plateau Ehrenbreitstein)

11.06., 20–22.30 Uhr
Eine Tangonacht auf der Festung Ehrenbreitstein
in Zusammenarbeit mit dem Koblenz Guitar Festival

Illuminiert: Festung Ehrenbreitstein.

23.06.
14–18 Uhr
Chorfestival Mittelrhein
Ein Nachmittag mit europäischer und internationaler Chormusik, vorgetragen von Chören aus Deutschland und Europa
(RZ-Forum, Blumenhof am Deutschen Eck)

23.06./26.06., 14.30 Uhr/30.06., 20 Uhr
Das Theater Koblenz präsentiert das Musical West Side Story
(Sparkassen-Bühne, Plateau Ehrenbreitstein)

24.06./25.06.
BUGA-Gym 2011 (Internat. Gymnaestrada)
6000 Sportler zeigen Turnsport von Akrobatik bis Geräteturnen

JULI

01.07./02.07./08.07./09.07., 20 Uhr
Das Theater Koblenz präsentiert das Musical West Side Story
(Sparkassen-Bühne, Plateau Ehrenbreitstein)

03.07.
ARD-Buffet Wandertag
In der reizvollen Landschaft des Mittelrheintals bieten das „ARD-Buffet" und die Koblenz-Touristik drei Wandertouren unterschiedlichen Schwierigkeitsgrades und eine Nordic-Walking-Tour an. Zum Abschluss des Tages gibt es eine Open-Air-Show, die live im SWR-Fernsehen übertragen wird.
(Schlossplatz der Festung, Plateau Ehrenbreitstein)

09.07./10.7. Familien-Wasser-Fest
(Blumenhof am Deutschen Eck)

22.07./23.7. Horizonte Festival
(Festung, Plateau Ehrenbreitstein)

AUGUST

06.08./07.08.
So klingt Rheinland-Pfalz
(mehrere Schauplätze)

13.08.
Rhein in Flammen

20.08.
Filmmusikkonzert mit der Deutschen Staatsphilharmonie Rheinland-Pfalz

27.08./28.08. Preußentage
(Schlossplatz der Festung, Plateau Ehrenbreitstein)

Rhein in Flammen.

SEPTEMBER

03.09., 15–22.30 Uhr SWR4 Sommerfest
(Plateau Ehrenbreitstein)

03.09./04.09 Familien-Wasser-Fest
(Blumenhof am Deutschen Eck)

09.09./10.09. Landesjazzfest
(RZ-Forum, Blumenhof am Deutschen Eck & Sparkassen-Bühne, Plateau Ehrenbreitstein)

22.09.–24.09.
Mendelsohn-Fest
(Kurfürstliches Schloss)

25.9. Tag der Chöre
(mehrere Schauplätze)

OKTOBER

16.10.
Abschlussveranstaltung

A

B

C

D

E

F

G

H

I

J

K

L

M

N

O

P

R

S

T

U

V

W

IMPRESSUM

Herausgeber: Uwe Schöllkopf (ideemedia GmbH)
Autorin: Stefanie Zohm
Redaktion: Barbara Schöllkopf, Uwe Schöllkopf
Redaktionelle Mitarbeit: Anna Ley, Katharina Göbel
Grafik/DTP/Produktion: Judith Traudes, Spiridon Giannakis
Verlag: idee media GmbH, Karbachstr. 22, D-56567 Neuwied
Telefon: 02631/9996-0 · **Telefax:** 02631/9996-55 · **E-Mail:** info@idee-media.de
Karten: Stadt Koblenz /Amt für Stadtvermessung und Bodenmanagement / ideemedia

www.ideemediashop.de · *www.einschoenertag.com* · *www.wander-touren.com*

Alle Angaben wurden nach bestem Wissen recherchiert und sorgfältig überprüft. Sollten sich dennoch Fehler eingeschlichen haben, bitten wir um Entschuldigung und Benachrichtigung. Für Fehler übernimmt der Verlag keine Haftung. Aktuelle Änderungen, Downloads und Updates zum Buch finden Sie unter *www.ideemediashop.de*

Wir danken der Koblenz-Touristik und der Romantischer Rhein Tourismus GmbH für die Unterstützung.

Erstausgabe 2011

Die Deutsche Bibliothek – CIP – Einheitsaufnahme:
ISBN 978-3-942779-00-5

Titelbild: Uwe Schöllkopf
Fotos: Arp Museum/Horst Bernhard, Bundesgartenschau 2011 GmbH/Lars Behrendt, Dieter Jacobs/Trier, Garten der Schmetterlinge, Heimatverein Alt-Ahrweiler e.V., ideemedia-Archiv/Uwe Schöllkopf, iStockphoto, Koblenz-Touristik/Thomas Frey/Gauls, Loreleytouristik, Nürburgring Automotive GmbH, Rhein-Mosel-Eifel-Touristik/Klaus Peter Kappest, Stadt Neuwied, Stefan Zohm, Wikipedia

Zeichenerklärung und Kartenlegende

Kartenhinweise	*Parkplatz*
Campingplatz	*Bahnhof*
► *Seitenverweis*	*Kirche*